FERNANDO MARCELINO PEREIRA

PARA ONDE VAI A ESQUERDA?

CRISE DA DEMOCRACIA-LIBERAL, PÓS-NEOLIBERALISMO E NOVOS GOVERNOS PROGRESSISTAS NA AMÉRICA LATINA

KOTTER EDITORIAL

Coordenação Editorial: Sálvio Nienkötter
Capa: Jussara Salazar
Design editorial: Carlos Garcia Fernandes
Produção: Cristiane Nienkötter
Revisão e preparação de originais: O Autor

Dados Internacionais de Catalogação na Publicação (CIP)
Angelica Ilacqua CRB-8/7057

P491p
Pereira, Fernando Marcelino
Para onde vai a esquerda? : crise da democracia liberal, pós-neoliberalismo e novos governos progressistas na américa latina / Fernando Marcelino Pereira. – 1. ed. – Curitiba : Kotter editorial, 2024.
120 p. : il.

Bibliografia
ISBN 978-65-5361-325-6

1. Ciência política I. Título
CDD 320
24-2796

KOTTER EDITORIAL

Kotter Editorial Ltda.
Rua das Cerejeiras, 194
CEP: 82700-510 - Curitiba - PR
Tel. + 55(41) 3585-5161
www.kotter.com.br | contato@kotter.com.br

Feito o depósito legal
1ª Edição
2024

FERNANDO MARCELINO PEREIRA

PARA ONDE VAI A ESQUERDA?

CRISE DA DEMOCRACIA-LIBERAL, PÓS-NEOLIBERALISMO E NOVOS GOVERNOS PROGRESSISTAS NA AMÉRICA LATINA

A tempestade nos gela
Quem vai resistir a ela?
Quem fica? (Vê se descobres:)
- A terra, as pedras e os pobres.

Bertold Brecht

Sumário

1. Introdução

Este estudo propõe uma investigação acerca da crise da hegemonia neoliberal e suas implicações para a esquerda diante do fortalecimento da extrema-direita no Ocidente. Observa-se que a esquerda enfrenta uma desorientação significativa nesta nova conjuntura política, marcada por uma incapacidade de articular respostas eficazes aos emergentes movimentos populistas de direita. Curiosamente, a esquerda encontra-se enredada numa contradição, sendo simultaneamente associada ao sistema neoliberal em crise e aos valores que ele promulga, como a globalização, democracia liberal, multiculturalismo, direitos de minorias, imigrantes, pautas pós-materiais, entre outros. Esta confusão resulta na percepção equivocada de que a esquerda sustenta o sistema em colapso, o que paradoxalmente fortalece a extrema-direita, a quem tem restado o confortável discurso "contra tudo isso isto que está aí" propondo a nova política e assim monopolizando o descontentamento popular contra os malefícios desse "sistema", apelando para o descontentamento gerado pela individualização excessiva da sociedade, estagnação econômica, perda de direitos sociais e a franca diminuição da soberania nacional. A direita tem habilmente canalizado esse crescente ressentimento para viabilizar uma ruptura com o status quo, enquanto a democracia liberal e a cultura progressista são erodidas e a hegemonia neoliberal desmorona sobre si mesma. Este processo foi acelerado pela crise econômica de 2008, fortalecido por novas configurações pós-liberais, aprofundado com a pandemia do coronavírus em 2020 e exacerbado pelos conflitos militares na Ucrânia desde 2022 e na Palestina em 2023.

Este opúsculo busca responder a uma questão central: diante da crise da hegemonia neoliberal, que rumo a esquerda deverá tomar? Surge o desafio de como a esquerda poderá se transformar para enfrentar o avanço da extrema-direita, superar os problemas vigentes e, metaforicamente como uma Fênix, ressurgir renovada das cinzas. Examinar estratégias para a revigoração da esquerda em face dessas dramáticas transformações constituem o cerne da análise proposta neste estudo.

2. Adeus Fukuyama: ascensão e queda da democracia liberal

Em 1989, Francis Fukuyama publicou artigo intitulado "O Fim da História?" sobre o declínio do comunismo e o triunfo do Ocidente (FUKUYAMA, 1992). O fim da experiência soviética seria o esgotamento do próprio socialismo como alternativa ao capitalismo. O capitalismo liberal passaria a ser inexorável. Sem a estrela-guia soviética, as experiências socialistas estariam fadadas ao fracasso. Tudo apontava para que o efeito em cadeia fosse completo e irreversível. Entre 1989 e 1992, deixou de existir a grande maioria dos estados que se denominaram socialistas do mundo. A República Popular Polonesa voltou ao multipartidismo e ao capitalismo de mercado em 1990. A República Democrática Alemã foi absorvida pela República Federal Alemã. Os conflitos nacionalistas acabaram com a República Socialista Federal da Iugoslávia. Com a queda das repúblicas sociais da URSS, outros países socialistas também mudaram de regime. Em 1990, abandonam o marxismo-leninismo Argélia (república socialista apoiada pelos soviéticos desde 1962), Benin (que era Estado Socialista desde 1975), Moçambique (que desde 1975 havia adotado o governo socialista). Em 1991, o mesmo acontece no Congo (que teve um estado socialista desde 1970 sob o governo do Partido Trabalhista congolês), Guiné-Bissau (que seguia o modelo soviético desde 1974), Etiópia, Somália e Mali. Em 1992, a Mongólia abandona a República Popular, criada em 1924. Ainda em

1992, Angola passa por reformas. Com a derrocada da "nave-mãe", era apenas uma questão de tempo para que os governos socialistas "satélites" seguissem o mesmo caminho. E para os socialistas no resto do mundo, o recado estava dado: seu fracasso seria inevitável que procurem outro caminho dentro do capitalismo liberal globalizado, porque o socialismo real acabou.

O fim da história na concepção notória de Fukuyama é "um consenso geral que aceita as pretensões da democracia liberal como a forma de governo mais racional". Como salientou Perry Anderson, trata-se de "um conjunto de princípios que domina indivisivelmente em todo o globo: a ideologia de maior sucesso na história mundial" (ANDERSON, 2000). Em 1989, talvez Fukuyama estivesse certo ao apontar o colapso inevitável de experiências socialistas que buscaram estatizar completamente a economia por longo prazo, mas não percebeu que as promessas do capitalismo liberal não conseguiram se manter em pé. Trinta anos depois, em entrevista de 2019, o próprio Fukuyama reconhece que

> os Estados Unidos, a Grã-Bretanha e outros países ocidentais passaram por esse período do que às vezes é chamado de neoliberalismo, em que os indivíduos são elevados, realmente colocados acima do estado, e o estado é considerado uma fonte de ineficiência e tirania potencial contra indivíduos. E acho que isso foi simplesmente levado longe demais, então acho que uma das coisas que vai acontecer é que na maioria dos países ocidentais, o neoliberalismo, nesse sentido, morreu e as pessoas vão voltar a um tipo diferente de liberalismo em que acreditavam nas décadas de 1930 e 1940. Queremos proteger os direitos individuais, mas o estado tem um papel importante na proteção das pessoas e na criação de proteções sociais na criação de sistemas de saúde e pensões e outras coisas desse tipo (FUKUYAMA, 2019).

E, pelo menos desde 2016, Fukuyama vem apontando que a China é provavelmente a única alternativa realmente plausível ao estilo de democracia liberal ocidental. A China, conforme Fukuyama, concluiu um período prolongado de crescimento econômico sem precedentes, baseado principalmente na ampla mobilização de mão-de-obra e manufatura para exportação, incorporação de tecnologias e novas formas administrativas, está mudando para um período mais fortemente baseado em serviços, demanda interna e aumento da produtividade. Em outra entrevista, Fukuyama apontou que, se Pequim conseguir controlar as tensões sociais e manter a estabilidade econômica, a China pode se apresentar como um sistema superior ao capitalismo ocidental, economicamente recessivo e politicamente imerso numa severa crise democrática com o aumento do populismo de direita, exemplificado pela eleição de Donald Trump como presidente dos Estados Unidos, Brexit no Reino Unido, partidos populistas na Europa e na América Latina (FUKUYAMA, 2023).

Nos últimos anos têm proliferado referências à "recessão democrática", "erosão democrática", "reversão democrática" ou até "morte lenta da democracia". Ironicamente, isto acontece 30 anos depois de Francis Fukuyama ter declarado a sua vitória eterna. O receituário de "abrir, privatizar e desnacionalizar" se mostrou ineficaz, minando a legitimidade dos governos e das classes políticas liberais. Existe um evidente desencanto com o "consenso liberal democrático". A crise do capitalismo e da democracia liberal no Ocidente vem se manifestando de diversas formas. Crise econômica com crescente desigualdade social e desindustrialização, fim da classe média, crise política com a falta de prestígio da democracia liberal e crise cultural com o choque de visões com os liberais. Os populismos em torno do Brexit, Orbán, Trump, Le Pen, não são acidentes, mas consequências de um processo lento e multifatorial, em que se destacam os seguintes pontos:

- Estagnação econômica e aumento do custo de vida. Fracasso das lideranças de partidos tradicionais em conseguir encontrar uma nova fórmula para alcançar os patamares de crescimento do passado, em especial dos "anos gloriosos" entre 1945 e 1970. Existe, assim uma rejeição a todos os partidos, pelo revezamento no poder para se fazer o mesmo. Para expressiva parte da população, o mundo político, das mídias, da academia e do mundo artístico estão deslegitimados, pois não chegam as maiorias.

- O domínio ocidental está chegando ao fim com a ascensão de países não ocidentais, principalmente da Ásia. Grande parte dos empregos industriais se deslocaram para a China e outros países, levando a uma progressiva precarização das bases das classes médias (que formavam a própria ideia da sociedade ocidental).
- Descontentamentos com os efeitos negativos da globalização. Quando se olha para os países ocidentais, vemos o descontentamento e o desinteresse quanto às instituições políticas. O nacionalismo e o protecionismo são crescentes. Forte crítica à internacionalização dos processos decisórios estatais para ONU, União Europeia, OTAN, ONGs.
- Nos últimos anos, a ideia de organização política em torno do eixo religioso-civilizacional expandiu-se com a crise dos valores liberais do secularismo e do multiculturalismo. Insegurança cultural, alto fluxo migratório, conflitos religiosos e de costumes. Governos de países tão distintos como Estados Unidos, Hungria, Brasil, Índia e Polônia passaram a defender a necessidade da regeneração espiritual de suas sociedades, tornando a religião o principal elemento de unidade nacional, em prejuízo de valores como a diversidade, o pluralismo e a tolerância.
- O Estado neoliberal reduz os vínculos com suas comunidades de origem, enfraquecendo a autoridade estatal, perdendo a capacidade de coesão social e disseminando novos problemas, como crime organizado, grupos armados privados e terrorismo.

O historiador Eric Hobsbawn aponta que o os governos dos Estados-nações e Estados territoriais modernos apoiam-se em três presunções: primeiro que tenha mais poder do que qualquer outra unidade que opere em seus territórios; segundo, que os habitantes dos seus territórios aceitam mais ou menos de bom grado sua autoridade; e terceiro, que eles podem proporcionar aos habitantes serviços que de outra maneira não poderiam ser prestados com efetividade, como a manutenção da lei e da ordem. Por mais de duzentos anos, até a década de 1970, a ascensão do Estado moderno deu-se de forma contínua e independentemente da ideologia e da organização política. De lá pra cá, a tendência se inverteu. O Estado neoliberal abandonou muitas de suas atividades diretas tradicionais. O Estado territorial perdeu o monopólio da força arma, da estabilidade e do poder. Ao minar a influência do Estado na condução da sociedade, o (neo)liberalismo passou a desmontar o aparelho estatal, privatizando suas funções para o mercado ou simplesmente retirando-o da responsabilidades antes estratégicas, como o uso legítimo da violência, política monetária e cambial, política externa, energia, infra-estrutura, indústria, serviços de saúde e educação e cultura (HOBSBAWN, 2007).

O conceito de soberania, tal qual o entendemos desde alguns séculos, vem sofrendo uma série de questionamentos, dadas as numerosas variáveis que o colocam em xeque a cada momento, na atualidade. Tais variáveis são tanto de ordem política, econômica, cultural, tecnológica e mesmo natural. Vários elementos contribuíram para a mudança do Estado moderno para o Estado contemporâneo e a consequente alteração no conceito de soberania. O primeiro a ser destacado é o surgimento de novos atores internacionais, como as organizações internacionais, empresas transnacionais e as organizações não-governamentais (ONGs). Outro elemento que afronta a soberania individual do Estado é o desenvolvimento do direito internacional, que impõe normas que buscam regular às relações internacionais entre os Estados, inclusive dentro do âmbito estatal quando da proteção de direitos dos cidadãos, como os direitos humanos. O Estado nacional perde o monopólio da soberania jurídica, tendo que conviver com uma série de atores como procuradores, escritórios jurídicos, ONGs, instituições internacionais e nações hegemônicas. Um terceiro elemento é a internacionalização do processo de elaboração de decisões políticas. Com o crescimento das novas formas de associações políticas, há uma rápida expansão dos vínculos transnacionais, crescente interpenetração da política externa na doméstica e o desejo da maioria dos Estados em possuir uma forma de governo e regulação internacional que possa afrontar os problemas políticos coletivos. Um quarto elemento são os poderes hegemônicos e estruturas de segurança internacional, que se contrapõem com a idéia de Estado como um ator militar e estrategicamente autônomo no desenvolvimento do sistema global de Estados. Outro elemento a ser destacado, como quinto elemento limitador, é a identidade nacional e globalização da cultura. Afinal, com a consolidação da soberania estatal nos séculos XVIII e XIX houve uma promoção da identidade do povo como sujeito, como cidadão. O cidadão estando sujeito a jurisdição daquele Estado foi progressivamente compreendendo que pertencia àquela comunidade, bem como quais seriam os direitos e obrigações aos quais deveria se sujeitar. Com o desenvolvimento dos veículos de comunicação ocorreu o que pode ser denominado de "globalização cultural", com as pessoas tendo cada vez mais contato com pessoas de outros países, outras culturas e outros pensamentos. Neste sentido, principalmente com o advento da internet, o mundo passa a não ter mais uma fronteira cultural rígida, ao passo que, estimulam-se novas formas de identidades culturais, ao mesmo tempo reavivando, intensificando ou, por vezes, destruindo, as antigas. Isso remodela a política, pois no interior dos Estados, os partidos são minados e superados por novas formas de organização e participação política, perdendo sua soberania na intermediação entre as pessoas e os governos.

Com a globalização neoliberal, até os Estados mais fortes e estáveis perderam seu monopólio absoluto da força coercitiva, a lealdade voluntária dos cidadãos ao Estado e a capacidade do Estado de prestar serviços eficientes para os cidadãos. O recuo do Estado de sua soberania nas últimas décadas é o principal fenômeno da globalização. Ele rompe com toda tradição de desenvolvimento das sociedades que perduram nos últimos séculos no Ocidente. Olhando para os últimas

40 anos de dominância liberal, com a retirada gradual da soberania do Estado, a taxa de crescimento econômico geral foi menor do que o keynesianismo da Segunda Guerra Mundial período. Nem os principais países capitalistas centrais e nem os menos desenvolvidos ficaram ricos e fortes com a globalização econômica neoliberal. Com pandemia de COVID-19, se escancarou as mazelas do capitalismo, como falta de coordenação estatal, privatização e controle político em favor dos mais ricos, polarização social, crescimento e produtividade em declínio, farra nos mercados financeiros, insegurança alimentar e até casos de pirataria, como no caso do governo norte-americano confiscando produtos médicos em alto mar. Some-se ao quadro novos conflitos armados e o uso do dólar como arma de guerra, tentando assim subordinar países que desalinhados aos interesses dominantes dos Estados Unidos.

A sociedade fukuyamista está sendo confrontada com Thomas Hobbes (1588-1679), que acreditava que, para obter uma convivência pacífica, os súditos se submetem às leis, para que o Estado possa proporcionar segurança. O poder do Estado se forma na legitimidade que tem para proteger seus cidadãos. Se o Estado não exercer claramente a influência necessária para superar a "guerra de todos contra todos", ele deixa de ser Estado. Ele precisa, assim, para ser Estado, de um espaço que o suporte, o afirme e o legitime. Esse Estado é fundamentado pelo pacto social, no qual o soberano obtém todos os poderes, desde que seja capaz de garantir a paz e os direitos básicos de todos os cidadãos. Para Hobbes, o "medo contínuo e perigo de morte violenta" é característico de sociedades primitivas antes da criação de instituições políticas. O Estado é uma resposta ao medo humano. Só na presença de um "poder comum", capaz de "intimidar a todos", que se suspende a luta agressiva de "todos contra todos". Sem o medo de algum poder coercitivo, a barbárie reina (HOBBES, 1974). E foi exatamente essa concepção de soberania sobre território - o fundamento absoluto de legitimidade, o núcleo de poder do Estado – que passa por uma intensa desterritorialização com a globalização. Enquanto as classes dominantes se desterritorializam na globalização do capital, os povos permanecem presos aos territórios nacionais precários, cujo Estado abdica de proteger e atender.

A rebeldia popular cresce quando o soberano não fornece mais o bem público básico da proteção contra morte violenta. Se não há um Estado controlando o território, a atitude mais racional das pessoas é que se está numa "guerra de todos contra todos", seja para vencer ou evitar um ataque possível. Não se trata de um fundamento jurídico, mas um Estado dotado de força arma para forçar os cidadãos o respeito. Para Hobbes, "os pactos sem a espada não passam de palavras, sem força para dar qualquer segurança a ninguém". Se não foi instituído um poder suficientemente grande para a segurança geral, cada um confiará apenas em sua própria força e capacidade, como proteção contra os outros. É dessa capacidade do Estado que derivam todos os direitos e faculdades. O Estado não serve para o terror, mas para suspender o terror real, que é viver com temor. O súdito só obedece ao Estado se ele garantir a proteção do povo (HOBBES, 1974).

Uma maior violência social – como no Brasil, com 60 mil homicídios por ano – aumenta a desconfiança do Estado em exercer sua função mais fundamental. O primeiro para ser Estado, é garantir que o povo não mate a si mesmo de forma generalizada. Senão o povo desfaz a sujeição política ao Estado. Ninguém confia num Estado que não consegue impor o fim da "guerra de todos contra todos". O povo quer, acima de tudo, recuperar sua liberdade natural, que é viver numa sociedade pacífica e estável. O direito à vida está acima de qualquer outro. Sem vida, não há direito. Quando as autoridades perdem a capacidade de proteção, como dizia Hobbes, "está a República DISSOLVIDA" (HOBBES, 1974).

Perdendo a capacidade efetiva de exercer poder no território, perdeu o monopólio da força e da coerção. Grandes grupos de segurança privada, o narco-tráfico e as milícias concorrem explicitamente à violência, desafiando o monopólio estatal. Norberto Bobbio apontava que o Estado pode perder o monopólio do poder ideológico, o poder econômico, o poder jurídico, mas não pode renunciar ao monopólio da força sem deixar de ser Estado. Seria o retorno ao estado de guerra de todos contra todos (BOBBIO, 1992).

Dardot e Laval (2016), dizem que neoliberalismo não é uma ideologia, mas uma racionalidade. Ele é, nessa concepção, um sistema normativo, uma série de práticas, discursos e parâmetros de comportamento que orienta os indivíduos em suas relações consigo mesmos e com os outros, e que tem como elemento central a ideia de concorrência, estando os indivíduos constantemente submetidos a ela. Esse sistema, porém, não é arbitrária e deliberadamente calculado de antemão, mas tem o sentido de uma estratégia sem sujeito, um arranjo de eventos que "a posteriori" tem um sentido a ele designado, que define o sentido também dos eventos que o compõem. O neoliberalismo, portanto, tem como elementos constitutivos uma capilarização da concorrência como princípio ordenador da vida pessoal e social, aparecendo nos indivíduos antes de ser uma orientação de política econômica ou uma definição do papel do Estado, sem que isso signifique a ausência destas; muito pelo contrário, o Estado e a política econômica são feitos de e por indivíduos, e a forma como esses indivíduos se comportam e acham correto se comportar têm enorme influência sobre os desenhos do Estado e de suas políticas, que funcionam como vetores de disseminação da racionalidade que orienta os indivíduos que os fazem. Dessa forma, a racionalidade política neoliberal aparece como sendo a única forma racional possível. Pensar de forma calculista, microeconômica e concorrencial passa a ser a única forma aceita de se pensar racionalmente, e todo o resto é reduzido a ideologia sem fundamento. Isso ocorre na vida cotidiana, mas também na política e no governo dos Estados, reduzidos ao cumprimento das normas de conduta neoliberal, como se fosse inevitável fazê-lo para se manter dentro daquilo que é considerado razoável pelo público em geral. Há um apagamento de quaisquer outras formas de entender o mundo e os deveres do Estado que não seja a da eficiência, considerada um critério objetivo e indiscutivelmente benéfico aos níveis individual e social. É essa característica do neoliberalismo que o faz tão dominante em termos discursivos e políticos, permitindo sua aplicação irrestrita sem que isso pareça ser uma escolha, mas se processando naturalmente, com uma pretensão sincera de neutralidade por parte de seus aplicadores (DARDOT; LAVAL, 2016).

O governo neoliberal que emerge desse entendimento, portanto, tem traços particularmente não democráticos (DARDOT; LAVAL, 2016). A forma específica que toma é a de um governo empresarial, submetido a critérios muito distintos de legitimidade relativamente aos critérios que legitimavam os governos até então. O governo empresarial neoliberal está fundamentado na concepção antropológica das pessoas como intrinsecamente egoístas e auto-interessadas. Por conta dessa concepção, tomada como fato, deve-se controlá-las o mais de perto possível, e deve se submeter o Estado, composto por pessoas igualmente egoístas e autocentradas, aos mesmos tipos de controle. Dessa forma, as normas do mercado não só são instituídas e garantidas pelo Estado, como o submetem ao seu reinado (DARDOT; LAVAL, 2016). O neoliberalismo impõe um absolutismo moral que torna justificável qualquer atrocidade feita em nome do objetivo humano maior da eficiência e das leis da concorrência de mercado. As diversas dimensões não contábeis da vida são reduzidas à contabilidade, de forma a controlá-las de perto, impedindo discordâncias de entendimento dos objetos da realidade social. O resultado é que, após quatro décadas de neoliberalização, afetou profundamente a própria sociedade, instalando em todos os aspectos das relações sociais situações de rivalidade, de precariedade, de incerteza, de empobrecimento absoluto e relativo. A generalização da concorrência nas economias, assim como, indiretamente, no trabalho assalariado, nas leis e nas instituições que marcam a atividade econômica, teve efeitos destrutivos na condição das pessoas assalariadas, que se sentiram abandonadas e traídas. As defesas coletivas da sociedade, por sua vez, se fragilizaram. Os sindicatos, em particular, perderam força e legitimidade (DARDOT; LAVAL, 2016).

Este modelo de governo, que consiste em "fazer a guerra contra todo cidadão", passou a promover uma nova variante neoliberal dominada pela extrema-direita, que, apesar da retórica do soberanismo, adota um estilo populista para reforçar e radicalizar o domínio do capital sobre a sociedade. "No fundo, é como se o neoliberalismo aproveitasse a crise da democracia liberal-social que provocou e não cessa de agravar para impor melhor a lógica do capital sobre a sociedade". O novo governo neoliberal se implanta e cristaliza com a promulgação de medidas de guerra econômica e policial. Dado que as crises sociais, econômicas e políticas são permanentes, corresponde à legislação estabelecer as regras válidas de forma permanente, que permitam aos governos responder a elas a todo momento e inclusive preveni-las. Dessa forma, o Estado de direito não está sendo abolido de fora, mas destruído por dentro para fazer dele uma arma de guerra contra a população e a serviço dos dominantes (DARDOT; LAVAL, 2016).

> No fundo, o novo neoliberalismo é a continuação do antigo de maneira pior. O marco normativo global que insere indivíduos e instituições dentro de uma lógica de guerra implacável, reforça-se cada vez mais e acaba progressivamente com a capacidade de resistência, desativando o coletivo. Esta natureza antidemocrática do sistema neoliberal explica em grande parte a espiral sem fim da crise e o aceleramento diante de nossos olhos do processo de desdemocratização, pelo qual a democracia se esvazia de sua substância, sem que se suprima formalmente (DARDOT; LAVAL, 2016).

Dany-Robert Dufour aponta que o liberalismo se configura como um novo totalitarismo porque pretende administrar o conjunto das relações sociais. O liberalismo foi uma religião cheia de promessas. Prometeu a riqueza infinita graças ao seu operador, o Divino Mercado. Porém, não cumpriu. O remédio que deveria trazer a riqueza infinita, ao contrário, trouxe miséria, pobreza, destruição (DUFOUR, 2020).

Para Christophe Guilluy, em todo o Ocidente, o sonho das classes dominantes com um mundo "sem fronteiras", desenraizado, de indivíduos desligados de seu território, sua cultura, sua história e seus valores, choca-se contra os povos. Existe uma ruptura violenta entre o mundo de cima – grandes áreas urbanas globalizadas – e o mundo de baixo, periférico e popular. Ele aponta que, ao desertar do sistema nacional e aceitar a perda da soberania, as classes dominantes organizaram a própria impotência e incapacidade de influenciar o real (GUILLUY, 2019).

O neoliberalismo nos fez entrar num período em que tudo que formava o coletivo é desmantelado pouco a pouco. A "desterritorialização" da burguesia visa desmantelar as solidariedades nacionais e valida o modelo territorial desigual da globalização. O Estado perdeu parte essencial de sua soberania. A desnacionalização das histórias nacionais abre caminho para multiplicação de pequenas histórias identitárias. A história das minorias também é desnacionalizada, se tornando uma norma mundializada. O declínio do bem comum é acompanhado do abandono da língua comum.

> O politicamente correto é usado pelas classes dominantes – com ajuda da esquerda liberal – como "arma de relegação cultural para marginalizar o mundo de baixo". A vitimização das minorias pelo mundo de cima permite que se esvazie a questão social, substituindo-a pela questão de alteridade cultural. Essa marginalização cultural leva à marginalização política de categorias que são majoritárias (GUILLUY, 2019).

Nesse "modelo democrático de maioria e minorias", a classe política deixa de se dirigir ao todo, com políticas cada vez mais segmentadas e menos destinadas à um projeto comum. Incapazes de definir as bases para um projeto comum, a classe política se dirige às pequenas sociedades sobre as linhas de fratura etno-culturais.

> Tudo ocorre como se o sistema de representação política tivesse se transformado em um sistema de representações culturais e, portanto, de interesses comunitários no qual os grupos só podem existir, midiática e politicamente, se apresentarem especificidade etnoculturais. Em um contexto de desfiliação política das classes populares, as maiorias que emergem são cada vez mais relativas e impactadas pelo marketing etnocultural e, portanto, menos representativas (GUILLUY, 2019).

E esse mundo de baixo, une-se pouco a pouco na contenção à globalização, destruindo as representações políticas tradicionais. A financeirização, desindustrialização, "fim da classe média" e perda da soberania nacional está sendo respondida pelas classes populares, criando um contexto em que nem populismo liberal de direita e nem o neoliberalismo progressista são capazes de personificar um modelo econômico e cultural dominante e valores comuns.

Para Yanis Varoufakis, o capitalismo está morto e foi substituído pela economia "tecnofeudal" e por uma nova ordem. O capitalismo teria matado o próprio capitalismo. Não é mais o capital que conhecemos desde o início da era industrial, mas uma nova forma, uma mutação, que tem vindo a crescer nas últimas duas décadas. O neoliberalismo transforma-se em neofeudalismo porque efetua uma mudança nas relações sociais de propriedade ao destruir os "grilhões" do Estado ou as restrições institucionais aos mercados – tais como as redes de segurança dos empregados, impostos corporativos, disposições de bem-estar social etc. A origem deste tecno-feudalismo é a fragmentação e o enfraquecimento das soberanias estatais, notáveis nas últimas décadas no Ocidente. Os enormes estoques de riqueza capitalista que se acumulam nas mãos de poucos os tornam capazes de exercer um poder político e econômico. Esse poder protege os detentores do capital, ao mesmo tempo que intensifica a miséria de quase todos os demais. Com o parcelamento privatizado da soberania, a autoridade política e o poder econômico se misturam. A lei não se aplica a bilionários poderosos já que eles podem evitá-la. Corporações como Apple, Amazon, Microsoft, Facebook e Alphabet são tratadas pelos governos como estados soberanos. A riqueza imensamente concentrada tem seu próprio poder constituinte, determinando as regras que seguirá – ou não. E as Big Techs não podem ser regulamentadas como nenhum dos trustes, cartéis ou conglomerados que encontramos até agora (VAROUFAKIS, 2023).

Conforme Varoufakis, com a crise de 2008, os bancos centrais do G7 se uniram para usar sua capacidade de impressão de dinheiro para refazer as finanças globais, surgiu uma profunda descontinuidade.

Para reabilitar o sistema financeiro, os bancos centrais canalizaram ondas de liquidez muito barata para o setor financeiro, em troca da austeridade fiscal universal que limitou os gastos das famílias de baixa e média renda. Incapazes de se beneficiarem de consumidores atingidos pela austeridade, os investidores passaram a contar com constantes injeções de liquidez dos bancos centrais, um vício com graves efeitos colaterais para o próprio capitalismo. De 2009 a 2020, essas práticas ajudaram a desvincular os preços das ações da economia real, resultando em uma "zumbificação" corporativa generalizada. Assim estava o capitalismo quando chegou a Covid-19. Ao afetar o consumo e a produção ao mesmo tempo, a pandemia forçou os governos a repor a renda em um momento em que a economia real tinha a menor capacidade de investir na geração de riqueza não financeira. Como resultado, os bancos centrais foram chamados a estimular ainda mais a bolha da dívida que já havia "zumbificado" às corporações (VAROUFAKIS, 2023).

Varoufakis afirma que, hoje, a economia global é alimentada pela geração constante de dinheiro do banco central, e não pelo lucro privado. Em todo o Ocidente, os bancos centrais imprimem dinheiro que os financiadores emprestam às corporações, que depois o utilizam para comprar de volta suas ações (cujos preços se dissociaram dos lucros). Enquanto isso, as plataformas digitais substituíram os mercados como o locus da extração de riqueza privada. Pela primeira vez na história, quase todos produzem de graça o capital social de grandes corporações. Assim, extração de valor tem se deslocado cada vez mais dos mercados e para plataformas digitais, como Facebook e Amazon, que não operam mais como empresas oligopolísticas, mas sim como feudos ou propriedades privadas. Essa enorme quantidade de recursos colhidos pelos gigantes da tecnologia com base nos direitos de propriedade intelectual assemelha-se ao rendimento dos proprietários de terras nos tempos feudais. O senhor feudal, dono dos recursos da terra (campos férteis, cachoeiras, reservas minerais), não precisava se esforçar nem contratar ninguém para participar com vantagem do excedente gerado pelo trabalho servil. Ao minar o vínculo entre lucros e acumulação de capital – como Marx apontava no Capital III - emerge uma economia pós-capitalista na qual os mercados de bens e serviços reais não coordenam mais a tomada de decisões econômicas e a tecnoestrutura atual (que inclui as grandes empresas de tecnologia e Wall Street) manipula o comportamento em uma escala industrial e o demos está excluído das democracias (VAROUFAKIS, 2023).

O "fim da história" representa a conversão do neoliberalismo democrático à cultura e à religião do Ocidente. Contra a soberania dos Estados e dos povos, contra quem discordar de suas premissas e consequências, a favor da normatização completa de sociedades que deixam ser sociedades para se tornar uma "multidão de indivíduos politicamente corretos", desconexos e sem raízes comunitárias. Só que as democracia-liberais tem se mostrado disfuncionais para os Estados que pretendem tomar decisões de impacto para reverter a estagnação econômica e social. O avanço da democracia-liberal foi acompanhado por grupos privados bem organizados, se apropriando dos governos, decisões políticas e territórios. Lobistas de interesses privados se tornam formuladores de políticas públicas.

O sentido fundamental da legitimidade do Estado é questionado em muitas frentes pela globalização neoliberal. A globalização neoliberal fez com que o poder do Estado no Ocidente se tona-se fraco, transitório, restrito e efêmero. O Estado se tornou mal equipado e mal preparado para reagir à perda de soberania e às múltiplas crises que se avolumam. As bases do poder se tornam frágeis. Com maior frequência, obter uma maioria de votos não garante a capacidade de fazer avançar um programa de governo ou tomar decisões fundamentais. A degradação da soberania levou a uma crônica limitação da autonomia do poder executivo. As democracias-liberais se tornaram cada vez mais lentas e incapazes de combater os principais problemas dos povos. Decisões necessárias e urgentes são impedidas, diluídas ou adiadas como resultado da fragmentação do poder e proliferação de grupos com poder de bloquear processos e decisões.

Muitos desejam voltar ao "consenso político democrático normal", mas ele não existe mais. Não existe consenso com a perda da soberania que esse consenso leva, retirando poder popular da equação política. Com sua legitimidade corroída pela implantação insana dos princípios liberais, o "valor universal" da "democracia-liberal" (supostamente a única possível) deixou de ser universal e até de ser um valor. De que adianta ser "democrático" se leva ao enfraquecimento do Estado? Esse engodo passou a ser questionado em diversas frentes, sendo o mais óbvio de desmoralização da classe política, que pouco consegue fazer para reverter o quando de destruição do Estado, sejam governados com forças de direita ou esquerda.

A hegemonia fukuyamista está terminando, ao mesmo tempo que outra hegemonia ainda tem dificuldades de emergir. A democracia-liberal perdeu a legitimidade popular, por ela ser cúmplice da perigosa perda da soberania estatal. A soberania do mercado não se tornou soberania popular. Pelo contrário, ao erodir o Estado, desencadeia uma série de crises que colocam em xeque as identidades nacionais e sociais. O enfraquecimento do Estado faz com que se caia a lealdade que seus cidadãos lhe devotam. Parafraseando Gramsci, o regime dominante do neoliberalismo fukuyamista perdeu o consenso, não é mais dirigente, mas unicamente dominante, detém a pura força coercitiva, o que indica que as grandes massas se afastam da ideologia tradicional. E o que está por vir? Como está sendo o fim do "fim da história"?

3. A resposta populista

A crise da soberania fomentada pelo neoliberalismo fukuyamista resulta num mundo altamente instável, desigual e perigoso. Com os questionamentos quanto ao "fim da história", emergem novos paradigmas econômicos e políticos, destacando-se um novo fenômeno: o nacional-populismo.

Com a publicação, em 2005, de "A razão populista", Ernesto Laclau trouxe o tema do populismo de volta para a agenda da teoria política. Laclau define o populismo como uma lógica retórica de confrontação social que opõe povo e elites dominantes. Quando a hegemonia política é questionada, isto é, quando os detentores do poder ou "bloco dominante" perdem a legitimidade e o apoio social por parte dos cidadãos, entram e operação novos mecanismos de disputa da dominação política, mecanismos que estabelecem um conflito entre o "bloco dominante", ou poder hegemónico, e o povo como entidade traída ou negligenciada pelo establishment. Neste sentido, o populismo cria uma identidade política erigida a partir do conflito, da oposição entre "nós", o povo, e "eles", as elites ou grupos hegemónicos. Ao instituir o conflito na política através de um movimento contra-hegemônico, o populismo é identificado, por Laclau, como uma força positiva ou emancipatória, no sentido em que permite que o processo democrático passe a contemplar demandas e grupos excluídos pelas elites ou pelo "bloco dominante". Com efeito, para Laclau o populismo não é uma forma de degradação da democracia, uma vez que permite a ampliação das bases democráticas da sociedade ao incluir grupos excluídos pelo establishment e ao realçar a soberania popular, a vontade geral do povo e o governo da maioria (LACLAU, 2013).

Conforme Chantal Mouffe, nos próximos anos, o eixo central do conflito político estará entre o populismo de direita e o populismo de esquerda. A conjuntura atual convoca para uma ruptura com a formação hegemônica neoliberal existente, e isso é algo que os partidos sociais liberais são incapazes de reconhecer por terem se tornado profundamente integrados à formação econômica neoliberal. Portanto, é necessária uma mudança profunda de suas identidades e estratégias. E, como resultado, será através da construção de um "povo", uma vontade coletiva que resulte da mobilização de afetos comuns em defesa da justiça social, que será possível combater as políticas promovidas pelo populismo de direita. Moufee registram que a esquerda possui uma visão consensual e racionalista da política e da democracia, a qual recrimina as paixões, assimilando-as à demagogia e irracionalidade populistas. Por conseguinte, ela identificaria erroneamente esta direita como fascista, e seus apoiadores como ignorantes carentes de educação, escondendo convenientemente sua própria responsabilidade na ascensão desses extremistas. Aponta-se que, diante de um cenário em que a extrema-direita nacionalista captura as insatisfações populares diante do capitalismo, da globalização, do neoliberalismo e da financeirização da economia, faz-se necessário disputar tais insatisfações em sentido progressista por um populismo de esquerda, de modo a combater a oligarquização da sociedade e a pós-política. O objetivo de uma estratégia populista de esquerda é a criação de uma maioria popular para chegar ao poder e estabelecer uma hegemonia progressista. Diante de uma direita unificada e ambiciosa, a esquerda deve desenvolver uma nova visão política, adaptada às novas realidades da sociedade e aprendendo com os fracassos do passado (MOUFFE, 2019).

Pelo Norte Global, nos Estados Unidos, na Inglaterra, na França e na Alemanha novas forças políticas de esquerda e de direita, a partir de narrativas identificadas com o populismo, emergiram nos últimos anos com certo sucesso eleitoral. Donald Trump e Bernie Sanders nos EUA,

Nigel Farage e Jeremy Corbyn na Inglaterra, Marine Le Pen e Jean-Luc Mélenchon na França, AfD na Alemanha são alguns dos exemplos mais expressivos. O populismo pode construir esse povo de diversas formas. Na leitura do populismo de direita, há um forte aspecto nacional contra a globalização e a imigração. Para Trump, o pilar do "povo" americano são os trabalhadores do "cinturão da ferrugem" que perderam seus empregos para a globalização e para os mexicanos. Para Le Pen e Farage, o "povo" é formado pelos trabalhadores do interior da França e da Inglaterra, que responsabilizam os muçulmanos e a União Europeia por suas dificuldades. Para a AfD, os alemães que foram "deixados para trás" na Alemanha Oriental e que perderam seus empregos para refugiados ilegais.

Segundo Cas Mudde, o modo populista tradicional de se governar retrata a ideia de que a sociedade se divide estruturalmente em um povo simples e uma elite corrupta. Os anos 2000 se caracterizam pela ascensão de líderes caracterizados por Mudde como populistas de direita ("far right populism"). Segundo o autor, nesse contexto a "far right" se apresenta como a portadora dos anseios daqueles que se viram afetados pelas grandes crises do período: (i) os atentados terroristas de 11/09/2011 e posteriores; (ii) a crise financeira de 2008 e a recessão que se seguiu e; (iii) a crise dos refugiados de 2015. Ainda que tenham como epicentro os países do Norte Global, os efeitos desses acontecimentos tiveram desdobramento em todo o globo, desencadeando movimentos de descontentamento e protesto que fragilizaram as elites políticas incumbentes, permitindo o fortalecimento eleitoral dos partidos da chamada "far right", que teriam sido mais bem-sucedidos do que os demais ao se apresentarem como porta-vozes da insatisfação popular. A despeito das diferenças regionais, os partidos nacional-populistas na Europa combinavam nativismo, autoritarismo e populismo, caracterizando-se pelo antagonismo com imigrantes, minorias (demográficas e não demográficas), mas também entre as elites políticas e econômicas tradicionais em seus países (MUDDE, 2021, p. 47).

De acordo com Eatwell e Goodwin, para entender a ascensão do nacional-populismo, e consequentemente as mudanças assistidas, é necessário compreender que as raízes dele estão em fatores de longo prazo que ganharam força durante décadas. É preciso acrescentar que eventualidades como o aumento do desemprego e da desigualdade global, a falta de segurança no âmbito público e privado, a crise migratória, assim como as crises econômicas, sociais e de corrupções que se desdobraram, também colaboraram para propiciar a sua expansão. Para Eatwell e Goodwin (2018, p. 9-12), a explicação para tal crise está relacionada com os quatros "Ds", que são tendências que vêm ocorrendo no regime. Juntos eles viabilizaram um espaço considerável para o que chamam de "pool of potential": um ambiente no qual se encontra um número grande de pessoas que sentem que não possuem voz na nova conjuntura política, que as mudanças do mundo multinacionalizado ameaçam suas culturas e modo de vida, e por isso não se identificam com os partidos e nem com os políticos do "status quo". A sensação de abandono deixada é preenchida pelo nacional-populismo, que seria uma revolta estruturada contra a atual forma da democracia liberal. Assim, os quatros "Ds" - descrença no elitismo da democracia liberal, destruição da identidade nacional, desigualdade criada pela globalização e o desalinhamento entre partidos e eleitores - indicariam também as raízes da ascensão dessa ideologia. Eles apontam que "o nacional-populismo possui um sério potencial de longo prazo". Em outras palavras, não estamos assistindo ao fim de uma era, mas ao começo de uma nova era, a era do nacional-populismo, que é a "expressão de uma revolta permanente contra a política e os valores liberais convencionais" (EATWELL; GOODWIN, 2020).

Vale a pena analisar o caso francês. Em 2022, foram realizadas as eleições presidenciais na França. Emmanuel Macron foi reeleito com 58% dos votos e Le Pen teve 42%. Em maio de 2017, Macron foi eleito com 66% dos votos. Como Le Pen avançou tanto? Em 2017, a eleição de Macron foi vista na mídia dominante com otimismo, por representar o recuo da onda populista. Porém, desde então, os "coletes amarelos" despontaram em outubro de 2018, com milhares de pessoas indo às ruas de Paris e de diversas outras cidades francesas para protestar contra o aumento da taxa sobre o combustível. Também houveram greves organizadas pelos sindicatos contra a reforma da aposentadoria de Macron, que lhe fizeram recuar. A economia francesa continua marcada pelos altos déficits públicos, com estagnação em 2018 e 2019, queda de 8% no PIB em 2020, crise sanitária com a COVID-19 com diversas manifestações de massa contra leis que restringiam a liberdade durante o confinamento.

No primeiro turno, Macron obteve 9,7 milhões de votos (27,8%), Le Pen fez 8,13 milhões de votos (23,15%), Jean-Luc Mélenchon fez 7,14 milhões de votos (21,95%). Éric Zemmour, da extrema-direita, fez 2,38 milhões de votos (7,07%). O Partido Comunista lançou Fabien Rousell que fez pouco mais de 2%. Nota-se que a falta de unidade na esquerda facilitou com que Mélenchon não fosse ao segundo turno com o desaparecimento dos partidos mais tradicionais, que devem ser varridos diante da emergência de uma nova configuração das forças políticas. Os verdes não emplacaram, o centenário Partido Socialista, com a prefeita de Paris, Anne Hidalgo, fez 1,75% e os Republicanos, com Valérie Pécresse, chegou a 4,78%.

Le Pen buscou uma candidatura renovada, focada na economia popular e no custo de vida, uma das principais preocupações para definir o voto. Ela trouxe a seus planos de governo preocupações com a preservação do estado de bem-estar social, prometeu medida para colocar 200 euros nas contas de cada família e remover o imposto sobre vendas de 100 bens domésticos. Propôs também diversas medidas protecionistas, como a vigilância nacional das fronteiras contra a "concorrência desleal", como a entrada de alimentos que "violam padrões respeitados pelos agricultores franceses", como diz seu programa. A prioridade não é o crescimento econômico, mas, acima de tudo, a proteção das classes médias e populares, contra os efeitos negativos da globalização. Outro tema importante é a regulamentação dos fluxos migratórios, uma ideia compartilhada pela imensa maioria das classes populares.

No segundo turno, Macron apostou no medo. Disse que uma vitória de Le Pen levaria a guerra civil e perseguições, haveria sangue nas ruas, que os investidores se afastaram da França, que será o caos, que a França sairá da União Europeia e da OTAN. Instituições como FMI afirmaram que a vitória de Le Pen levaria a uma "desordem grave" e até a "maior instabilidade econômica global".

Em 2017, Macron era um personagem "anti-sistema", um outsider. Em 2022, é visto como fazendo parte do sistema, chegando a ser conhecido como "o candidato dos ricos". O próprio Macron é um produto da superelite global, distante das preocupações das antigas classes médias. A burguesia urbana conservadora prefere Macron, vendo Le Pen como herdeira da tradição gaullista-nacionalista, que sempre é citada em seus discursos. A base de Le Pen é a "França profunda", formada por burocratas de baixo escalão, comerciantes, operários, jovens, aposentados, rurais e urbanos. É a parte da França periférica, das cidades pequenas e médias, das periferias das grandes cidades, o entorno parisiense, norte e leste da França – territórios com uma população cada vez maior. Le Pen ganhou entre a população mais pobre, mais rural e sem diploma e perdeu entre os eleitores com ensino superior dos centros urbanos.

Em grande medida, a eleição de 2022 repetiu o mapa eleitoral de 2017, numa distinção clara entre a França de cima contra a França de baixo, metrópoles globalizadas contra França periférica, classes populares e médias contra as classes superiores, vencedores contra perdedores da globalização, nacionalismo contra globalismo. Muitos trabalhadores dizem votar em Le Pen para expulsar as pessoas que hoje ocupam o poder. Os jovens estão mais sensíveis em relação a sua candidatura. A diferença de gênero inverteu-se, com mais mulheres do que homens apoiando Le Pen. Sua campanha "Le Pen Paz e Amor" colou em diversos setores sociais. É preciso compreender que o enfraquecimento dos organismos tradicionais que canalizam a revolta popular não responde mais hegemonicamente aos apelos populares. E a cólera dos setores médios e populares se fundamentam sobre causas sociais e econômicas reais.

Alain Bihr aponta que uma das vertentes da extrema-direita é de movimentos nacionalistas que lutam contra o enfraquecimento dos Estados-nação pelas políticas neoliberais: contra a liberalização da circulação internacional do capital, a desregulamentação dos mercados, a perda por parte dos Estados de sua capacidade anterior de regulação da vida econômica e social em benefício das instâncias supra ou transnacionais, a deterioração da coesão nacional como consequência do agravamento das desigualdades sociais e espaciais, etc. Estes movimentos reúnem ou procuram reunir classes, frações de classe e estratos sociais que estão entre os "perdedores" da mundialização neoliberal ou que temem fazer parte dela: elementos da burguesia cujos interesses estão vinculados ao aparelho de Estado nacional e ao mercado nacional; as "classes médias" tradicionais; elementos dos assalariados vítimas da mundialização neoliberal e desprovidos das capacidades tradicionais de organização e luta da classe assalariada (organizações sindicais e representações políticas). Por conseguinte, procuram (re)constituir blocos nacionalistas com o objetivo de devolver aos Estados-nação sua plena soberania, advogando um nacional-capitalismo com traços populistas. Para ele, porém, uma aliança estratégica entre a fração hegemônica da burguesia e um movimento nacionalista de extrema-direita é rigorosamente impossível. A burguesia "globalista", aquela que hoje impulsiona o processo de transnacionalização do capital, ainda não saiu da crise, de sua crise. Ao contrário, o neoliberalismo, convertido atualmente em sua política, mostra cada dia mais seu caráter de beco sem saída, forçando o capital transnacionalizado a redobrar seus ataques contra os assalariados das formações desenvolvidas e os povos do Sul. Em um cenário no qual a política "mainstream" se tornou instável, seja por meio da dissintonia entre governantes e governados, partidos e eleitores, ou por aparentar ter se convertido em corrupta e elitista, o nacional-populismo se torna uma alternativa viável para aqueles que não se identificam com o "establishment", pois apresenta um discurso atrativo que tem por base a ideia de diálogo com o povo, propondo dar voz a essas pessoas que não se sentem representadas.

Walden Bello diz que há muita raiva, muito ressentimento, muita insegurança que se desprenderam, e só a esquerda e a extrema direita estão em condições de aproveitar esta tormenta subjetiva. Então o impulso é para um sistema pós-capitalista ou, de qualquer modo, pós-neoliberal, e a pergunta chave é: quem será capaz de aproveitar toda essa raiva desatada e a dirigir? Para Bello, infelizmente, é a extrema direita que está melhor posicionada para aproveitar o descontentamento global, porque os partidos de extrema direita são elementos chaves das posições e programas antineoliberais. Por exemplo, a crítica à globalização, a expansão do "estado de bem-estar" e uma maior intervenção estatal na economia. O que a extrema direita fez foi apresentá-los como um paradigma próprio. Na Europa, os partidos de direita radical abandonaram parte dos velhos programas neoliberais que defendiam, por uma maior liberalização e menos impostos, e se puseram a dizer que eram a favor do Estado de bem-estar e de uma maior proteção da economia nacional, diante dos compromissos internacionais. Trata-se agora de uma corrida entre uma desglobalização progressista e uma regressiva (BELLO, 2022).

Pablo Stefanoni no livro "A rebeldia se voltou à direita", diz que o combate ao progressismo político e ao politicamente correto é rebelde e atrai multidões de jovens. É necessário, então, ler esses arautos das novas direitas ("extrema direita", da "direita alternativa" ou "populismo de direita") para compreender as razões do seu sucesso ou, em outra chave, as razões do fracasso das esquerdas. Stafanoni aponta que existe uma certa superioridade moral do progressismo que o faz acreditar que não é necessário ler a direita nem compreender por que as novas direitas expressam inconformismos, insatisfações e raivas de parte da sociedade.

> Nas últimas décadas, ao se tornar defensiva e escudar-se na normatividade do politicamente correto, a esquerda, sobretudo em sua versão "progressista", foi ficando deslocada, em grande medida, da imagem histórica da rebeldia, da desobediência e da transgressão que expressava. Parte do terreno perdido em sua capacidade de capitalizar a indignação social foi conquistado pela direita, que

> tem se mostrado cada vez mais eficaz para questionar o "sistema". Em outras palavras, estamos diante de direitas que disputam com a esquerda a capacidade de indignar-se perante a realidade e de propor vias para transformá-lo (STEFANONI, 2021).

Stefanoni reconhece que o "novo" das "novas direitas" é traduzido por um espectro de possibilidades que inclui (de modo incoerente, inclusive) articulações imprevistas, rompimentos com articulações clássicas, criação de novas heterodoxias, combinações novas e recombinações de velhos princípios ideológicos. Ele aponta que a composição ideológica das novas direitas é temporalmente dinâmica, internamente conflituosa e contumaz combinadora de princípios contraditórios ou heterodoxos. Acontece quando se abandona uma visão de mundo ateia e individualista (libertária) e substitui por uma visão pautada em um livre mercado radical (anarcocapitalista) para, adiante, fundir esse libertarianismo com elementos conservadores da família e da religião, dando origem a uma nova visão de mundo (paleolibertária) na qual se fundamenta, um antiestatismo (substituído pela empresa, igrejas e família) + anti-igualitarismo (substituído pelo livre mercado). Stafanoni também fala que, em diversos países, a extrema-direita passa a levantar bandeiras dos progressistas, como ecologia, feminismo, direitos LGBT, só que relacionam ao seu imaginário reacionário. Muitos associam esses temas com a esquerda liberal, mas novas direitas tentam adaptá-los para sua agenda. O predomínio atual da esquerda liberal poder ser esvaziado se a direita for mais perspicaz do que a esquerda em capitalizar os temores do futuro (STEFANONI, 2021).

Existe uma ideia de batalha cultural no sentido de que a esquerda venceu mais no campo da cultura que no da economia, ao passo que a direita parecia ter abandonado esse espaço, e então surgem pessoas como Agustín Laje e Olavo de Carvalho, com muitos seguidores na internet, que se prepara e almeja ser uma espécie de Gramsci de direita, que quer lutar pela hegemonia. O marxismo cultural, então, funciona nesses casos como a ideologia de gênero utilizada por essas direitas no debate público. Ou seja, a ideologia de gênero funciona de forma semelhante, ou seja, juntar um montão de autoras e de ideias e chamá-las de "ideologia de gênero". Isso funciona para travar essa batalha antiprogressista que une pessoas de diferentes direitas, mas cujo inimigo comum e principal é o progressismo.

Tema que fervilhava na direita norte-americana dos anos 80 e 90 do século passado, o "marxismo cultural" – e a indissociável "revolução gramsciana" - passou a aparecer com Olavo de Carvalho no Brasil. Ele reciclou a linha do escritor "paleoconservador", William S. Lind, que publicou diversos textos em que descrevia a evolução de um movimento transnacional que chamou de "marxismo cultural". Sua "teoria" – que vinha sendo cada vez mais debatida em alguns circuitos da direita americana – foi sintetizada na conferência denominada "Origens do Politicamente Correto", na American University, em Washington D.C. O que conta William Lind é que após a Primeira Guerra Mundial, dois intelectuais marxistas procuraram compreender por que razão a revolução socialista não se internacionalizou conforme previa Lenin. Para Gramsci e Lukács, a cultura ocidental e a religião cristã cegavam a classe trabalhadora e para que a revolução proletária triunfasse seria necessário, antes, destruir a "super-estrutura" ideológica do Ocidente. A nova estratégia do movimento revolucionário comunista, elaborada por Gramsci, preconizava que, ao invés de lutar pela revolução socialista, como ocorreu na Rússia, os marxistas no Ocidente deveriam "empreender uma longa marcha através das instituições" – escolas, imprensa, igrejas, universidades – todas as instituições que influenciavam a cultura. Segundo Lind, quando, em 1919, Bela Kun instalou em Budapeste uma república de sovietes, Lukács foi designado vice-comissário do Povo para a Cultura e a Educação Popular. Defende Lind que o pensador húngaro teria instituído um programa de "terrorismo cultural" que tinha como um dos principais componentes introduzir a educação sexual nas escolas. A república socialista de Bela Kun durou apenas 4 meses. Em 1923, Lukàcs participou da "Semana de Estudos Marxistas" na Alemanha, organizada pelo jovem marxista e milionário alemão Felix Weil, que ficou fascinado com a abordagem cultural apresentada pelo pensador húngaro. Felix Weil então funda, na Universidade de Frankfurt, o Instituto para Pesquisa Social, posteriormente conhecida por Escola de Frankfurt. Segundo Lind, misturando pitadas da psicanalise freudiana com marxismo, Theodor Adorno, Max Horkheimer e Herbert Marcuse defendiam que existia um entrelaçamento entre repressão social, psíquica e sexual. Assim, acreditavam que uma consciência revolucionária poderia ser engendrada através da libertação psíquica e de atitudes culturais "mais esclarecidas". A abordagem de "cultura de massa" desenvolvida por Adorno teria provocado uma "perversão cultural" ao expor os fundamentos burgueses do que é geralmente percebido como beleza e qualidade. Marcuse, por sua vez, em seu "Eros e Civilização" atacou frontalmente a ordem sexual enraizada no ocidente, acusando-a de patriarcal e heteronormativa. Suas ideias, defende Lind, tornaram-se precursoras da promiscuidade sexual e do hedonismo. Hoje não são poucos os antiglobalistas que acusam a obra de Marcuse de destruir as velhas estruturas de autoridade da família tradicional.

A "*new left*" e todo movimento de contracultura dos anos 1960 e 1970 seriam herdeiros da Escola de Frankfurt. Mais ainda, os marxistas culturais teriam seguindo a cartilha de Gramsci, ocupado todas a instituições culturais nos EUA, das universidades aos estúdios de Hollywood. Ocupando os "meios de pensamento" ao invés dos meios de produção, a nova esquerda estaria implementando seu projeto de destruição da cultura ocidental, ao fomentar o feminismo, o "gayzismo" (termo pejorativo para se referir às bandeiras LGBT+), o ambientalismo, o multiculturalismo, etc. Com a queda do muro de Berlim, segundo Lind, essa tese ganhou força em alguns setores do partido republicano, principalmente entre os paleoconservativos, que, na ausência do comunismo soviético, elegeram os novos inimigos a serem combatidos: acadêmicos, a grande mídia, ativistas de direitos humanos, ambientalistas, feministas, etc.

No Brasil, essa abordagem do problema foi apresentada por Olavo de Carvalho em livro sobre Gramsci (CARVALHO, 2014). Ele acredita que o movimento globalista é o agente que controla o movimento marxista internacional. Quando os marxistas abandonaram o proletariado como classe revolucionária e adotaram as minorias, a revolução deixou de ser econômica e passou a ser de ordem social e cultural. Carvalho afirma que este evento foi o passo decisivo para o alinhamento do esquerdismo com o grande capital. Nesse relacionamento, a esquerda internacional passou a depender cada vez mais do financiamento do grande capital, o qual, por sua vez, controla o processo de dominação. Tal fórmula teria passado a ser usada em todo o mundo como forma de difundir a nova cultura pré-revolucionária. O resultado foi uma forte inibição à prática dos valores ocidentais cristãos e à liberdade de expressão, com a criação de fórmulas estereotipadas de conceitos "politicamente corretos". Carvalho (1996) acrescenta que "se eu quero julgar o movimento globalista, a globalização, à luz do movimento socialista, eu não posso fazê-lo. Por quê? Porque o movimento socialista é uma parte do próprio movimento globalista, é uma função dele, e por ele foi criado".

O chanceler de Jair Bolsonaro, Ernesto Araújo, vai nessa linha. Araújo afirma que o marxismo se deu conta que não precisava controlar os meios de produção econômica, mas os meios de produção de ideias. Diz que o globalismo não é apenas uma ideologia, mas um esquema de dominação global que visa substituir as culturas tradicionais por uma moral secular, cosmopolita e esquerdista. A elite que controla o esquema globalista seria composta por organismos internacionais como a ONU e a União Europeia, por ONGs internacionais e financiado por bilionários "esquerdistas" como o George Soros. Ernesto Araújo ainda acusa a China "maoísta" de ser um dos pilotos da ideologia globalista. Araújo denomina o globalismo como "a globalização controlada pelo amálgama marxista liberal" e que é preciso libertar a globalização econômica do marxismo. Uma importante consequência do Globalismo seria o fim do legado cristão-ocidental, o qual vincula-se o Marxismo Cultural, de acordo com o qual intelectuais e acadêmicos estariam subvertendo os valores tradicionais cristãos para promover o liberalismo, o multiculturalismo e a ideologia de gênero. De acordo com Araújo, "o globalismo tenta formular, de maneira canhestra, uma espécie de nova religião, com esses pseudovalores, esses conceitos legítimos, mas que são extrapolados e transformados em ideologia – como os direitos humanos, como a tolerância, como a proteção ambiental, por exemplo". Diante da ascensão dessa ideologia, torna-se necessário "reintroduzir a Deus nessa cidadela da sociedade liberal, em substituição a essa religião ateia do politicamente correto". Ele sustenta que a globalização deve ser preservada e estimulada, mas com um pensamento nacionalista e conservador, com uma economia liberal aberta (ARAÚJO, 2019).

O paradoxal destas posições reacionárias é culpar o "marxismo cultural" pelos efeitos do capitalismo globalizado. A conspiração do "marxismo cultural" – degradação moral, promiscuidade sexual, hedonismo do consumidor, desestruturação das estruturas familiares convencionais – é resultante da própria lógica das sociedades capitalistas financeirizadas. O "marxismo cultural" se torna um bode expiatório para explicar o liberalismo que defendem para a economia política. Chegam ao contra-senso de que mais liberalismo vai salvar a "moral cristã". Ampliam o desmonte do Estado para combater um "marxismo cultural", enquanto fortalecem as classes dominantes contra o povo.

O linguista belga Jan Blommaert aponta que "globalismo" é uma expressão cuja sua similitude com a palavra "globalização" dá às pessoas uma falsa sensação de que sabem do que está sendo falado. Ainda, a vagueza do termo, a possiblidade de se lhe imprimir diversos sentidos, reduzindo ideais longas e argumentos a uma única palavra ou frase, faz com que tal seja adequado na estratégia do discurso político nacionalista. O pesquisador fez um mapeamento dos contextos em que o termo foi utilizado por líderes políticos ao redor do mundo. Concluiu que ela é manejada para expressar as seguintes ideias: (i) contrariedade à imigração e à diversidade – "os debates contra a imigração evitam a palavra 'racismo' e a substituem por 'antiglobalismo' "; (ii) oposição à governança trasnacional; (iii) rechaço à pautas da esquerda progressista que teriam dirigido o processo de globalização – "ela é culpabilizada pela imigração, pela diversidade, pela ascensão das mulheres, o que representaria, em suma, uma perda das 'tradições culturais' e valores". Para Blommaert, o termo "nacionalismo" saiu de moda, tornou-se algo a ser evitado por estar associado aos regimes nazi-fascistas, dando lugar a outro adjetivo. Assim, "os antiglobalistas são os nacionalistas de agora". Tem-se, no "antiglobalismo", uma descrição para o nacionalismo que se estabelece em grande parte do mundo (BLOMMAERT, 2010).

Progressivamente, a "guerra cultural" avançou para se converter em uma estratégia de setores reacionários para a conquista do poder. Onde o fosso entre pobres e ricos aumenta drasticamente, a narrativa que responsabiliza os intelectuais, as políticas de igualdade de gênero e a equidade racial pelos males da classe trabalhadora tornou-se apelativa e ganhou as condições de cativar muitos adeptos. Em um cenário no qual a política "mainstream" se tornou instável, seja por meio da dissintonia entre governantes e governados, partidos e eleitores, ou por aparentar haver se convertido em corrupta e elitista, o nacional-populismo se torna uma alternativa viável para aqueles que não se identificam com o "establishment", pois apresenta um discurso atrativo que tem por base a ideia de diálogo com o povo, propondo dar voz a essas pessoas que não se sentem representadas. A entrega voluntária da soberania por parte de governos democráticos-liberais "globalistas" tem criando um contexto explosivo. Nesse contexto, a nova direita gramsciana compreendeu que para ter possibilidade de governar era preciso dominar a atmosfera cultural. Primeiro a preparação no terreno cultural e depois a tomada efetiva de poder. Além disso, as causas profundas que explicam o fenômeno histórico-político das extremas-direitas devem assim seguir ativas, impulsionadas pela própria dinâmica do capitalismo neoliberal que não cessa de produzir a perda da soberania dos Estado e desigualdades sociais, ao mesmo tempo em se beneficia da decomposição das forças políticas liberais de direita e de esquerda.

4. Para onde vai a esquerda?

Ao examinar a evolução histórica do neoliberalismo, Nancy Fraser concebe um "neoliberalismo reacionário" e um "neoliberalismo progressista". Embora essas duas vertentes diferenciem-se no plano das identidades e dos costumes, elas têm uma agenda econômica comum. A imposição do consenso representa antes de tudo uma vitória discursiva do neoliberalismo, que valoriza termos como "mercado" e, pelo menos até a crise de 2008, consegue banir da agenda corrente termos como "socialismo" e "planejamento". Fraser concebeu uma reformulação nos termos da disputa política hoje, com a emergência, na esquerda, de um neoliberalismo reembalado em pautas não-econômicas que se pretendem progressistas para se opor ao reacionarismo neoliberal. A pauta política desta esquerda, portanto, deixa de ser o desejo de abolição das hierarquias socioeconômicas para ser uma defesa da diversificação das mesmas (FRASER, 2017) — em síntese, não-brancos, não-homens e não-heterossexuais ocupando espaços de dominação ao invés da dissolução destes mesmos espaços. Em tal contexto, muitas lideranças da esquerda passam a assumir pautas limitadas e resignadas à ordem dominante, aceitando como axioma a impossibilidade de mudança da ordem neoliberal e capitalista — portanto, assumindo como horizonte político algo como um mínimo de contenção de danos sociais. No período neoliberal, certa esquerda estaria assumindo uma posição de ainda maior resignação — chamada, por Dardot e Laval (2016) de "neoliberalismo de esquerda". As posições de "terceira via", "nova esquerda" e "neoliberalismo progressista", por exemplo, se limitaram a defender pautas de defesa da "nova gestão pública" (o modelo empresarial de ação pública) e políticas identitárias, abrindo mão de disputar campos fundamentais como o da economia — com visões que inclusive renegam o fato de que as questões culturais e as políticas de reconhecimento não podem ser descoladas da dimensão econômica (FRASER, 2018). Fraser apela à uma "esquerda genuína" que separe emancipação da financeirização e se reconecte com os de baixo, uma esquerda que não aceite apenas escolher entre populismo reacionário e o neoliberalismo progressista.

Domenico Losurdo aponta que a desorientação da esquerda está ligada com a divergência entre marxistas orientais e marxistas ocidentais, que passou a ser uma contraposição entre marxistas que, de um lado, exercem o poder e marxistas que, de outro, estão na oposição e se concentram cada vez mais na "teoria crítica", na "desconstrução", aliás, na denúncia do poder e das relações de poder como tais. Está aqui precisamente o ato de nascimento do "marxismo ocidental", o qual, distanciando-se progressivamente do poder, julga identificar a condição privilegiada para redescobrir o marxismo "autêntico", não mais reduzido à ideologia de Estado. Por isso, Losurdo diz que a esquerda está "ausente", ou seja, que fugiu do debate público, deixando em seu lugar "o pensamento único neoliberal e neocolonialista".

> No que diz respeito à luta sócio-econômica dentro de cada país, acontece que a esquerda, embora saia em defesa do Estado social, promove ao mesmo tempo a difusão de filosofias e ideologias extremamente úteis ao neoliberalismo. A crise econômica e política e a deterioração da situação internacional exigem que a esquerda saia deste estado de desorientação e confusão. A luta contra o neoliberalismo precisa estar unida à luta contra o colonialismo, neocolonialismo e imperialismo. Para entender o mundo de hoje, nós precisamos levar em conta que existem dois processos contraditórios. No Ocidente, a burguesia, encorajada pelo fim da União Soviética e pela crise do movimento comunista na Europa, desmantelou o Estado de bem-estar e conduziu um crescente número de trabalhadores

> para o desemprego, precariedade do trabalho, para a austeridade, baixos salários e miséria. Ou seja, na Europa e no Ocidente a desigualdade entre a minoria privilegiada e a vasta maioria da população está constantemente crescendo. Agora vamos olhar para fora da Europa e do Ocidente: num país como a China, centenas e centenas de milhões de pessoas estão livres da fome e da miséria, e começam a ter acesso ao Estado de bem-estar. Especialmente em tempos recentes, a China tem experimentado um rápido crescimento também em termos de tecnologia e está quebrando o monopólio hi-tech que até recentemente pertencia ao Ocidente. Em outras palavras, no capitalismo ocidental a desigualdade e a polarização social estão crescendo. No nível global, a vantagem econômica, tecnológica e militar que por séculos permitiu ao Ocidente dominar, escravizar e dizimar o resto do mundo está falhando. Em especial o superpoder do capitalismo e do imperialismo norte-americano não pode aceitar esse segundo processo. Por isso, as muitas guerras coloniais e neocoloniais e a preparação para uma guerra em larga escala contra a China e Rússia (LOSURDO, 2016).

Seja a esquerda "moderada" ou a esquerda "radical', ambas absorveram a agenda sagrada imposta pelo Ocidente. Se deixam levar pela ideologia e pelo poder dominante, graças ao monopólio da produção de ideias e emoções, paralisando o pensamento crítico. Losurdo aponta que a esquerda ocidental é muito variada, composta por organizações muito diferentes. No entanto, se a considerarmos em seu conjunto, "pode-se dizer que se pretende voltar a incidir concretamente sobre a realidade, ela é chamada a superar debilidades de caráter não apenas imediatamente político, mas também cultural e filosófico" (LOSURDO, 2016).

Paulo Nogueira Batista Jr. aponta que, enquanto a esquerda for sócia das políticas neoliberais, muitas vezes em coalizões com as direitas tradicionais, fazendo pouco para mudar os rumos da sociedade, ela será vista como parte de um mesmo "sistema". Em suas palavras, "o fato é que a centro-esquerda também se tornou tradicional e elitista, acomodou-se, perdeu contato com a população e mostra não compreender os seus problemas reais. Corre o risco de definhar por não entender as mudanças em curso". Ele aponta que um exemplo de estratégia problemática é abraçar a agenda identitária, que é uma agenda liberal e contribui para o isolamento da esquerda.

> Vamos nos entender: defender as mulheres, os negros, os indígenas, os homossexuais e outros grupos discriminados é indispensável. Porém, essa defesa não pode ser a plataforma central da esquerda. De um modo geral, o identitarismo não conta com a atenção ou a simpatia da grande maioria dos trabalhadores e dos setores de menor renda, geralmente às voltas com a luta pela sobrevivência. Os temas econômicos e sociais – emprego, renda, injustiça social – continuam prioritários para eles. A extrema direita tenta desviar a atenção desses temas com discursos religiosos e conservadores. A centro-esquerda acaba esquecendo-os ao focar nos temas identitários (BAPTISTA, 2024).

A esquerda precisa se renovar, pois quando governaram, deixaram-se dominar pelo neoliberalismo sem oferecer alternativas econômicas. Além disso, sob pena de se isolarem, esses governos precisam deixar de tratar os temas identitários como centrais.

O cientista político alemão-americano Yascha Mounk aponta a "armadilha identitária" na política contemporânea. Mounk descreve como, segundo ele, uma parte da política progressista ou de esquerda atual passou a privilegiar a identidade sobre todas as outras coisas na hora de desenvolver políticas públicas e se posicionar no debate político. Para Mounk, em nome de ideias e valores "centralmente preocupados com o papel que categorias de identidade como raça, gênero e orientação sexual desempenham no mundo", uma parcela considerável da esquerda passou a desprezar — ou relegar a segundo plano — "valores universais e regras neutras, como liberdade de expressão e igualdade de oportunidades", historicamente bandeiras do espectro esquerdista. A isso, Mounk chama de "síntese identitária", onde se duas pessoas estiverem em diferentes interseções de identidade então não seria possível se comunicar e se entender. O objetivo disto é ser libertador e não opressivo, que estas formas de consideração diferencial ajudem em vez de prejudicar os grupos que historicamente foram maltratados. Mas Mounk aponta como é muito ingênuo presumir que é assim que as coisas vão acontecer. Se encorajarmos a sociedade a transformar-se num conflito de soma zero entre diferentes grupos étnicos, não há nenhuma razão específica para assumir que isso beneficiará sempre os grupos historicamente marginalizados (MOUNK, 2023).

Mounk aponta que a armadilha de identidade é muito útil aqui porque uma armadilha é uma isca, é algo que atrai você e, no caso desta ideologia, a isca é a afirmação, a promessa de que ela permitirá que as pessoas lutem contra as injustiças nos Estados Unidos, no Brasil e em muitas outras democracias do mundo da maneira mais intransigente possível. Mas é uma armadilha porque acaba por ser contraproducente. E é contraproducente de várias maneiras. Ao inspirar políticas públicas, por exemplo, ela na verdade prejudica, em vez de ajudar, grupos vulneráveis. Além de que uma enorme quantidade de pessoas está desanimada com o papel que estas ideias passaram a ter sobre as instituições convencionais. Portanto, em termos práticos e políticos, um é a outra face do outro, para se opor a um de forma eficaz, é necessário opor-se a ambos (MOUNK, 2023).

Mounk acredita que veremos uma contestação nos próximos 20 a 30 anos sobre o que significa ser de esquerda e sobre a natureza destas ideias, que se tornaram extremamente influentes nas principais instituições. E algumas das deficiências dessas ideias estão se tornando mais evidentes a cada dia e a resistência a elas, em parte, por razões de reação da extrema direita, mas também de muitos liberais, de muitos moderados, muitas pessoas de esquerda que discordam da visão de sociedade futura que estas ideias implicam, está se formando uma resistência. Mounk propõe que, como alternativa, "em vez de construir uma sociedade que encoraje a eliminação de alguns conflitos entre diferentes grupos de identidade, podemos construir uma sociedade com uma identidade partilhada como cidadãos de um país que trata todos os seus membros com igual respeito e merecimento e da forma justa que aspiramos" (MOUNK, 2023).

Thomas Piketty sugeriu que o principal problema da esquerda é sua dependência excessiva da nova classe média dos profissionais socioculturais e do setor de serviços. Aponta que se deve evitar a confiança exagerada nesse eleitorado para alcançar maior diversidade de apoio, além de evitar uma obsessão por guerras culturais às custas das clivagens socioeconômicas. É essencial imaginar uma estratégia para a esquerda ampliar seu eleitorado (PIKETTY, 2019).

Ernst Hillebrand aponta que o enfraquecimento das culturas socialistas pela esquerda, aderindo ao liberalismo cultural (e valores pós-materiais, multiculturalismo, cosmopolitismo) leva ao choque de cultura com os setores populares conservadores. A hegemonia cultural do liberalismo de esquerda gera um abismo cultural entre as lideranças da esquerda e os setores populares que historicamente votavam na esquerda. Muitas vezes as causas materiais e pós-materiais caminham para lugares diferentes. Como o sistema de valores destes dois grupos divergem profundamente, se privilegia quem defenda que se recupere o controle social, com o fortalecimento de comunidades emocionais, como a família, igreja e o Estado (HILLEBRAND, 2016).

Sahra Wagenknecht defende um apelo a uma esquerda forte e uma análise das causas pelas quais a maioria dos partidos de esquerda nos últimos anos perderam os seus antigos eleitores. Em seu livro "The Self-Righteous", Sahra Wagenknecht argumenta que a esquerda política foi dominada por "liberais de esquerda", uma turminha intolerante e obcecada por si mesma que só fala entre si e ignoram o seu apoio eleitoral tradicional. Aponta que as sociedades ocidentais estão profundamente divididas. A coesão social está a desintegrar-se. A união social foi substituída por um conjunto de grupos largamente hostis entre si. O bem comum e o espírito público são palavras que praticamente desapareceram da linguagem cotidiana. Pela forma com que vem conduzindo o debate público, a esquerda já não representa a justiça aos olhos de muitos, mas sim a justiça própria: um estilo de debate que faz com que muitos se sintam magoados, moralmente degradados e repelidos. Em seu livro, Wagenknecht diz que

> Os liberais de esquerda afirmam defender a diversidade, o cosmopolitismo, a modernidade, a ação climática, o liberalismo e a tolerância. Por outro lado, declaram guerra a tudo o que o pensamento liberal de esquerda considera de direita: nacionalismo, bloqueio ao contrário, provincianismo, racismo, sexismo, homofobia, islamofobia. Para os liberais de esquerda, a fé, a nação e a pátria são sinais de atraso. A teoria por trás dessa abordagem é chamada de política de identidade. Está no cerne do liberalismo de esquerda e fornece o quadro prático no qual se baseia a visão de mundo liberal de esquerda. A política de identidade equivale a concentrar-se em minorias cada vez mais pequenas e cada vez mais bizarras, cada uma das quais encontra uma identidade em alguma peculiaridade que a distingue da maioria da sociedade, e da qual deriva a reivindicação de vitimização. (WAGENKNECHT, 2021)

O liberalismo de esquerda é um movimento político-intelectual relativamente recente que só ganhou influência social nas últimas décadas. Ela aponta que o nome "liberalismo de esquerda", contudo, é enganador. Estritamente falando, não é nem de esquerda nem liberal, mas contradiz ambas as tendências políticas em questões fundamentais. Uma reivindicação importante de qualquer liberalismo, por exemplo, é a tolerância para com outras opiniões. Os típicos liberais de esquerda, no entanto, mostram o oposto: extrema intolerância para com qualquer pessoa que não partilhe a sua visão das coisas. O liberalismo também luta tradicionalmente pela igualdade jurídica perante a lei, enquanto o liberalismo de esquerda luta pelas cotas e pela diversidade, ou seja, pelo tratamento desigual de diferentes grupos (WAGENKNECHT, 2021).

Wagenknecht enfatiza que o liberalismo de esquerda tem a sua base social na classe média abastada e com formação universitária nas grandes cidades. Isto não significa que todos os graduados com bons rendimentos que vivem numa cidade grande sejam liberais de esquerda. Mas o liberalismo de esquerda está em casa neste meio, e os seus formadores de opinião vêm deste estrato comparativamente privilegiado. Os partidos liberais de esquerda apelam sobretudo aos mais instruídos e com rendimentos mais elevados e são eleitos principalmente por eles.

Os liberais de esquerda defendem uma forma multicultural, multigênero e globalista de política de identidade. Vivem nas suas próprias bolhas sociais e têm pouco contato, para além dos puramente transacionais, com aqueles que exploram. Acima de tudo, convencidos da virtude dos seus estilos de vida e atitudes progressistas, eles desprezam os valores tradicionais e a solidariedade da classe trabalhadora. Aponta-se que os neoliberais e os liberais de esquerda são virtualmente idênticos. Ela afirma mesmo que os neoliberais de ontem são os liberais de esquerda de hoje: "Assim, o egoísmo tornou-se auto-realização; a flexibilização tornou-se diversidade de oportunidades; o fim da certeza tornou-se um adeus à normalidade e ao conformismo; a globalização tornou-se abertura ao mundo; e a irresponsabilidade para com as pessoas do seu próprio país tornou-se cosmopolitismo" (WAGENKNECHT, 2021).

> Urbano, cosmopolita, individualista – para muitas pessoas hoje, ser de esquerda tornou-se uma questão de estilo de vida. O que falta são conceitos políticos de solidariedade social que beneficiem as mulheres com baixos rendimentos, as crianças migrantes pobres, os trabalhadores temporários explorados e grandes setores da classe média. Tanto na Europa como nos Estados Unidos, a obsessão pelos pronomes em vez da igualdade de oportunidades e uma atitude desdenhosa em relação à cultura e ao sentido de comunidade correm o risco de alienar a esquerda de grandes setores da população, ao mesmo tempo que faz o jogo da extrema direita (WAGENKNECHT, 2021).

Ela diz que coexistiam duas esquerdas, uma esquerda que aumenta os salários e que quer distribuir a riqueza de forma justa e uma esquerda que regula o discurso e que quer afirmar a identidade de gênero ou combater o racismo. Durante muito tempo, essas duas esquerdas – econômica e cultural – tenderam a encontrar um lar nos mesmos partidos. Porém, com a ascensão do novo liberalismo de esquerda, "o foco da política de esquerda já não está nos problemas sociais e político-econômicos, mas em questões de estilo de vida, hábitos de consumo e atitudes morais" (WAGENKNECHT, 2021).

Para Wagenknecht, o liberalismo de esquerda desempenhou um papel importante no declínio da cultura de debate. A intolerância liberal de esquerda e o discurso de ódio de direita são fenômenos inter-relacionados que precisam um do outro, reforçam-se mutuamente e vivem um do outro. A arrogância da esquerda liberal cede terreno à direita. As políticas de identidade ameaçam consumir a esquerda e os conservadores que, com orgulho, instigam as chamadas "guerras culturais" para enfatizar as diferenças culturais entre os ativistas da esquerda e os eleitores da classe trabalhadora. E quanto mais ruidosas as injúrias da direita, mais os liberais de esquerda se sentem fortalecidos na sua posição.

> Penso que é uma tragédia que a maioria dos partidos social-democratas e de esquerda tenham seguido o caminho errado do liberalismo de esquerda, que teoricamente destruiu a esquerda, deixando-a, em grande medida, alienada de grandes partes do seu eleitorado. Esta é uma aberração que fortalece o neoliberalismo como filosofia política, apesar de há muito que há maiorias na população a favor de uma política diferente: por mais equilíbrio social, por uma regulação sensata dos mercados financeiros e da economia digital, por direitos mais fortes dos trabalhadores e para uma política industrial inteligente (WAGENKNECHT, 2021).

Quatro décadas de liberalismo econômico, cortes sociais e globalização dividiram de tal forma as sociedades ocidentais que a vida real de muitas pessoas é conduzida dentro dos limites da sua própria bolha social. E também existem muros de frieza emocional que separam aqueles que não conhecem outra vida além da abundância daqueles que adorariam viver sem medo existencial, se pudessem. Wagenknecht aponta que a transformação dos partidos de esquerda, que atingem cada vez menos pessoas com baixos rendimentos e pessoas desfavorecidas, é um desenvolvimento indesejável. Avalia que a principal razão para o declínio dos partidos de esquerda é que eles não se preocupam o suficiente com as chamadas pessoas comuns. Esta parte da população, está a lutar num momento de aumentos de preços e falta de habitação acessível e tem pouco a ver com ideias de esquerda "esclarecidas" defendidas por partidos de esquerda.

De acordo com Wagenknecht, a esquerda liberal negligência as preocupações socialistas tradicionais em relação aos problemas sociais e econômicos em favor do individualismo, do cosmopolitismo e de julgamentos moralistas sobre a cultura e a língua. Os esquerdistas do estilo de vida são cosmopolitas. Se preocupam com o clima e as minorias sexuais. Acreditam que o Estado-nação está, ou deveria estar, à beira da extinção. Valorizam os direitos individuais, autonomia e autorrealização acima da tradição e da comunidade. Por quase nunca sofrer dificuldades financeiras reais, tem pouco interesse real nas preocupações econômicas da classe trabalhadora. Por mais que tenham objetivos de uma sociedade mais "justa" e "não discriminatória", o caminho para chegar lá não passa pela economia política – salários, impostos, indústria, emprego, etc – mas por símbolos e linguagem. Como consequência, ignoram como a sua perspectiva cultural tende a reforçar as injustiças econômicas que afirmam combater (WAGENKNECHT, 2021).

Wagenknecht aponta que parte do problema é que os militantes de esquerda se tornaram não só culturalmente, mas até fisicamente desligados do proletariado. Embora muitos militantes afirmem falar em nome dos "trabalhadores", na realidade desprezam e condenam os valores e o estilo de vida dos desfavorecidos – os seus problemas, as suas queixas, a sua raiva. Para Wagenknecht, "o liberalismo de esquerda e sua política de identidade, que insta todos a definirem a sua identidade com base na sua origem, cor de pele, sexo ou inclinação sexual cria divisões precisamente onde a solidariedade é urgentemente necessária". O resultado é uma perda da "união social" por "grupos separados e distintos", que prejudica a solidariedade nos locais de trabalho e o sentimento de pertencimento da comunidade como um todo, ou seja, a principal pré-condição para solidariedade e justiça social (WAGENKNECHT, 2021).

Para reverter o declínio da esquerda, Wagenknecht defende o "conservadorismo de esquerda", uma esquerda que regresse à sua missão original de melhorar a vida das classes trabalhadora e média, rejeite o globalismo liberal voltando ao Estado-nação como único terreno no qual é possível desafiar coletivamente o capitalismo. Ela exorta a esquerda para compreender que muitas pessoas "subscrevem valores conservadores, porque querem comunidades estáveis, um mundo ordenado, estabilidade e segurança na vida, sociedades com um verdadeiro sentimento de pertença e confiança nas outras pessoas". Nesse sentido, eleitores que votam na extrema-direita não tem um habitus de extrema-direita, mas a vê como único canal viável para as suas frustrações e descontentamentos anti-establishment (WAGENKNECHT, 2021).

Wagenknecht pensa que a primeira prioridade dos partidos de esquerda é defender os interesses dos trabalhadores e não prosseguir políticas de identidade. Defende que é possível produzir de forma diferente, mais inovadora, mais local e de uma forma mais amiga da natureza, distribuindo os resultados de forma melhor e mais justa. Pode-se moldar a comunidade democraticamente, em vez de deixar as decisões sobre as nossas vidas e o desenvolvimento econômico para grupos de interesse que estão apenas interessados no seu próprio lucro. Pode-se encontrar o caminho de uma boa coexistência solidária que, em última análise, beneficia todos: aqueles que perderam nos últimos anos e agora têm medo do futuro, mas também aqueles que estão bem, mas que não querem viver em um país dividido que pode acabar onde estão hoje os Estados Unidos (WAGENKNECHT, 2021).

Parte da esquerda passou a assumir o discurso neoliberal fukuyamista, sem refletir sobre suas consequências na luta de classes. O neoliberalismo substitui a solidariedade pela identidade. Enquanto se generaliza direitos para grupos minoritários, a soberania nacional – o poder da maioria – se esvazia, numa desnacionalização das sociedades. A esquerda liberal se alienou das massas populares ao grupalizar em torno da classe média urbana progressista. A incapacidade de ir além dos eleitores urbanos e das bolhas de classe média tem sido fator majoritária em derrotas recentes da esquerda. A cultura liberal em governos de esquerda leva até a beneficiários do governo votarem na direita, pois a melhora econômica não se reverte instantaneamente em apoio político quando existem conflitos morais muito sensíveis.

A adesão ao liberalismo cultural fez a esquerda promover uma cultura que está em contradição com os objetivos gerais de emancipação popular. A esquerda liberal ocidental se vê como elite intelectual – apoiada pela ideologia de grandes corporações, aparelho burocrático e grande mídia – o que a afasta dos grandes setores populares, que a vê como categoria mais excludente que os ricos. Para se tornar uma esquerda realmente adversária da ordem existente, deve saber que a importância que se dá aos aspectos da soberania e da identidade nacional que devem continuar sendo um elemento crucial na disputa política.

O italiano Diego Fusaro aponta o abandono da ideia de soberania nacional pela esquerda, o que implica a conivência desta esquerda com as classes dominantes. O surgimento da nova direita, com um tipo de soberania regressiva, tem a ver com o abandono pela esquerda do campo da soberania nacional, entregando-o assim à direita.

> Hoje existe uma espécie de totalitarismo liberal que nos permite ser liberais de direita, liberais de esquerda, liberais de centro, desde que sejamos liberais, sempre, e, portanto, esquerda e direita tornam-se duas formas diferentes de ser liberal ou, precisamente, no liberalismo político e económico, na prática libertária nos costumes e, claro, no atlantismo na esfera geopolítica (FUSARO, 2020).

Fusaro aponta que o capitalismo atual é flexível e precário, desintegra todas as comunidades humanas e quer ver em todo o lado o indivíduo sem identidade e sem vínculos, o consumidor que estabelece relações descartáveis baseadas no consumo. Dentre estas formas comunitárias estão a família, organizações públicas como sindicatos, escolas, universidades, e se completam no Estado. Pretende quebrá-los para reduzir o mundo a um mercado único global. Para a esquerda liberal, os conceitos de nação, povo, família não valem nada. E o povo se rebela contra a elite cosmopolita que legitima essa desintegração, inclusive a esquerda que passou a ser demofóbica, isto é, odeia o povo, odeia o povo porque o povo lhe foge das mãos, já não se sente representada por uma esquerda amiga do capital e dos patrões, em vez dos trabalhadores e das pessoas (FUSARO, 2020).

Para Fusaro, os Estados-nação são o último bastião da resistência contra a globalização capitalista, o terreno dialético de um possível conflito onde se confrontam as ideias daqueles que querem um Estado soberano nacional e socialista, e daqueles que, por outro lado, querem um Estado soberano liberal. Ou seja, um Estado soberano para os dominados ou um Estado soberano para os dominadores.

> Hoje, a esquerda, a maioria delas, mesmo aquelas que se definem como marxistas, permanecem essencialmente cosmopolitas e não internacionalistas. O internacionalismo, como escreve Engels, supõe que existam nações autônomas e independentes e que as nações se relacionam entre si a nível internacional. O cosmopolitismo liberal, que é algo completamente diferente, estabelece, por outro lado, que as nações desapareçam, dissolvidas no único mercado cosmopolita e sem fronteiras onde simplesmente reina a cruel lei da competitividade "sem fronteiras" (FUSARO, 2020).

Fusaro diz que a maior parte da esquerda continua aliada da ordem cosmopolita liberal e a sua luta contra o fascismo e contra a direita é, na realidade, a mesma luta que o capitalismo cosmopolita faz, o que nos leva a lutar contra um inimigo que já não existe: a direita fascista, nacionalista, para que sejamos indiferentes ou, melhor, para que aceitemos com alegria o inimigo, ou seja, a face do novo capitalismo liberal cosmopolita.

Fusaro diz que o conflito de classes hoje é o conflito entre uma classe cosmopolita líquido-financeira, por um lado, e as massas populares nacionais, por outro. A classe dominante é de direita na economia e de esquerda nos costumes e na cultura. De direita por assumir o imperativo liberal na economia: privatização, cortes de gastos públicos, falta de investimentos, supressão de direitos sociais. Isso é, aprofunda a dessoberanização da economia e reforça a luta de classe em favor das classes dominantes. Por outro lado, promotora da chamada "política de identidade", resulta em políticas de pulverização de qualquer identidade, além daquela dos novos enclaves de "modos de vida". Referem-se pontualmente a uma identidade gadgetizada, criada pela fragmentação de toda identidade histórica e social que não pode ser assimilada na sociedade do livre mercado. Por isso, políticas de identidades resultam em reinvindicações competitivas por parte de identidades parciais, inimigas das identidades históricas e culturais dos povos, das nações e das comunidades que não coincidem com as multidões anônimas de consumidos desenraizados. Fusaro aponta que a "astúcia da razão liberal" está exatamente em garantir que se concentre apenas em "direitos" que não interfiram e até promovam a reprodução do capital. Enquanto os senhores da globalização administravam pelo neoliberalismo a questão econômica e laboral, a título de compensação se promovia uma série de direitos inofensivos à ordem capitalista ou, de preferência, que operam para aprimorá-la. É o "reivindicacionismo" em que todo grupo pode ser identificado como uma vítima que sofre discriminação não econômica e pode ganhar espaços e direitos à custa de outros grupos, contribuindo ao desaparecimento de qualquer solidariedade de classe (FUSARO, 2020).

Para Fusaro, os esquerdistas liberais, por seu turno, não entendem que o populismo regressivo não é combatido com o cosmopolitismo esnobe, mas com o populismo socialista. A esquerda liberal, aliada inconsciente do capital, em vez de defender a família e o Estado como bases da ética e como baluartes contra o liberalismo, dizem que o Estado é fascista e que a família é homofóbica e patriarcal. Fusaro defende uma valorização das raízes éticas numa perspectiva socialista, da família ao sindicato, da escola ao Estado, contra o liberalismo. Toda relação sentimental, afetiva e sexual é legítima, entre pessoas adultas e pessoas conscientes: mas a família implica a presença de um pai, de uma mãe e dos seus filhos. Lembra os antigos cartazes partido comunista da Itália onde uma imagem de pai, mãe e filho tinha a inscrição "Vote no comunista, defenda a família!" (FUSARO, 2020).

Fusaro acredita que a soberania é a chave. Aponta que é impossível ressocializar a economia se não for realizada uma recuperação preventiva da soberania nacional, isto é, enquanto permanecermos ao nível do cosmopolitismo sem fronteiras, a classe dominante capitalista continuará a vencer. Por isso, a esquerda deve recuperar a soberania nacional. É a *condição sine qua non* para repolitizar a economia e redemocratizar a realidade sociopolítica, com políticas típicas do Estado social, com leis nacionais que visam alcançar o pleno emprego e a defesa das classes mais fracas.

> Hoje as classes dominadas não têm outra escolha senão recuperar completamente a soberania nacional, econômica, política e geopolítica e reintroduzir formas de lutas de classes nos espaços do Estado soberano nacional, para que o Servo e o Senhor, nas palavras de Hegel, possam mais uma vez olhar no rosto um do outro, e o conflito de classes, impossível de ser realizado nos espaços globalizados, possa ser recuperado. Se deixarmos o poder de decisão sobre a economia ao poder da globalização sem a presença dos Estados nacionais, a classe dominante certamente vencerá. Não há outra possibilidade de reforçar o socialismo democrático senão reforçando a soberania nacional. Poderíamos dizer que se não houver soberania haverá barbárie (FUSARO, 2020).

A esquerda abdicou do seu papel como instrumento de emancipação global, se preocupando minimamente com o povo soberano. Hoje a nova direita ultra-liberal e a esquerda neoliberal são "as duas asas da águia neoliberal, partes orgânicas de um mesmo sistema, que se reproduz economicamente à direita, politicamente no centro e culturalmente à esquerda. Assim, o partido único do capital e a sua homogeneidade bipolar hegemoniza o espaço político, sendo necessário um eixo interpretativo mais adequado com a oposição entre as elites financeiras globalistas e o povo. Compreender a natureza profunda deste cenário seria o primeiro passo para trazer o bem-estar dos povos-nações, a sua soberania e identidade de volta ao centro da ação social e política. A esquerda não está levando a sério a questão da soberania. A falta de compreensão da questão soberana produz muitos efeitos negativos. É preciso definir (novamente) uma estratégia nacional-popular a seguir.

Abrir não das velhas certezas que tem uma função tranquilizadora na consciência.

Gramsci dizia: "que os fatos econômicos tenham sua importância, ninguém o nega; mas é absurdo supor que sejam suficientes para explicar a história humana, excluindo-se todos os demais fatores" (GRAMSCI, 2001). Gramsci já apontava que o cosmopolitismo cultural leva à cisão com as classes subalternas e, por conseguinte, à dificuldade a constituição de uma força nacional popular. A falta de unidade da esquerda e o "povo-nação" é um problema central. Sem compreender a subjetividade das classes populares, em sua complexidade cultural, não se vive no mundo real. O predomínio de uma esquerda cosmopolita é um elemento para o caráter anti-popular de vários movimentos políticos, caracterizado pelo não reconhecimento dos problemas específicos da vida nacional, se tornando estranha aos interesses das maiorias. Se não se nacionalizar rumo ao encontro com o povo, a esquerda não tem futuro. Deve trabalhar pela coesão do "bloco nacional-popular", e não o fragmentar (GRAMSCI, 2001).

Conforme Paolo Gerbaudo, em muitos países, as opções de política econômica estão se afastando de uma estratégia de integração global indiscriminada e vão se aproximando de um modelo de integração seletiva e controlada. Embora a abertura ao mercado global tenha sido vista durante os longos anos 1990 como uma fonte de prosperidade, agora também é percebida como fonte de perigos contra os quais é preciso recuperar as formas de controle e proteção exercidas pelo Estado. De problema, o Estado passa a ser a solução (GERBAUDO, 2023).

No livro "O Grande Recuo", Gerbaudo defende que estamos precisamente no momento da passagem entre duas eras ideológicas. O neoliberalismo está sendo questionado, enquanto o "neo-estatismo" (um novo consenso entre os partidos sobre a necessidade de um estado mais intervencionista) está prestes a substituí-lo. O neoestatismo parece cada vez mais com o "novo normal", dentro do qual esquerda e direita precisarão desenvolver novas posições. O retorno do Estado muda as regras para a direita e a esquerda. Agora todas as forças têm que responder à questão de que tipo de intervenção do Estado se deseja realizar. Na esquerda, se costuma reafirmar o controle do estado sobre a política industrial e serviços públicos. Na direita, o Estado deve garantir a propriedade (GERBAUDO, 2023).

A globalização perdeu o encanto e as ideias do Consenso de Washington estão em declínio. Os problemas definidores de nossa era não parecem ter "soluções de mercado" confiáveis. Isso precipitou o retorno do estado intervencionista. Os problemas que definem essa nova era fazem com que o Estado pareça vulnerável e sem controle. Isso gera ansiedade generalizada nas pessoas, a chamada *agorafobia*, e isso, por sua vez, desencadeia uma demanda por segurança e proteção, algo que só o Estado pode oferecer. Há espaço para propor ação do Estado, em favor de direitos e proteção para as maiorias. Por hesitar em fazê-lo, a esquerda abre espaço para extrema-direita. A direita populista parece ter chegado a um acordo com esse novo estado de coisas pós-neoliberal. Desenvolveu uma estratégia que se concentra na proteção da identidade e da propriedade e formou uma coalizão que abrange desde a classe média alta e as pequenas empresas até os trabalhadores marginalizados. A esquerda, por outro lado, está em negação sobre a virada atual ou ainda indecisa sobre como responder a ela. Para avançar, a esquerda deve enfrentar um mundo em que a globalização neoliberal está em declínio e o intervencionismo estatal tende a se tornar cada vez mais importante. Em outras palavras, os progressistas precisam desenvolver suas próprias políticas de proteção (GERBAUDO, 2023).

Para Gerbaudo, enquanto a direita percebeu rapidamente a crise do consenso neoliberal e desenvolveu uma nova abordagem ideológica – abandonando sua crítica ao protecionismo e aos gastos públicos, ao tempo em que atacava furiosamente o liberalismo social – partidos e candidatos socialistas muitas vezes se viram na defensiva e até aliando-se aos neoliberais centristas, em defesa de uma ordem global em colapso. Muitos ainda veem o retorno das posturas protecionistas como uma tendência passageira ou meramente uma continuação do neoliberalismo por outros meios. E embora a esquerda possa criticar o mercado, certamente não está totalmente convencida sobre os possíveis benefícios do crescente intervencionismo estatal – uma suspeita justificada pela memória do totalitarismo e por evidências mais recentes da cumplicidade do Estado na produção da desigualdade social. Mas a estratégia progressiva nas condições atuais não pode evitar a questão de como o Estado pode ser usado para oferecer proteção econômica e segurança contra riscos e restabelecer formas de controle político. Dada a solidez do bloco empresarial, alterar a correlação de forças exigiria um projeto ambicioso de transformação social, e não apenas reivindicações pontuais. Requereria um nível de organização e mobilização popular muito maior do que o atualmente articulado por sindicatos e organizações progressistas (GERBAUDO, 2023).

Gerbaudo identifica a soberania como um significante-mestre do discurso pós-neoliberal, em que diferentes demandas podem ser entrelaçadas e estabilizadas. Soberania é a ideia central da conjuntura. Ela renova a legitimidade do poder estatal e expõe como o neoliberalismo favorece a erosão da soberania nacional num mundo globalizado. Diante da globalização neoliberal, que debilitou o poder dos Estados, a soberania reconquista parte de sua dimensão revolucionária (GERBAUDO, 2021).

Walden Bello aponta que na esquerda existe uma grande quantidade de ideias, mas uma pobreza de estratégias políticas e líderes unificadores eficazes. E onde há personalidades carismáticas, estas parecem estar principalmente à direita. No entanto, aponta que estas estratégias e pessoas surgirão no seio da esquerda. A dinâmica da mudança histórica inevitavelmente produzirá isto, e algumas vezes nas circunstâncias mais improváveis. As únicas perguntas são quem, como, onde e quando, e se isto surgirá nesta geração. Em sua visão, o mais urgente é a reorientação da produção para o mercado interno e desvincular a produção local das cadeias de fornecimento mundiais, através de uma política comercial progressiva, uma política industrial agressiva e uma política agrícola que promova a autossuficiência alimentar e a soberania alimentar (BELLO, 2022).

A soberania é o problema de teoria política mais importante e difícil de resolver corretamente. Se é verdade que o poder se estabelece pelo hábito e símbolos, pelo reconhecimento e sentido, também é verdade que só tem eficácia pela força física capaz de coagir os atores que promovam violência pelo controle territorial no interior do espaço nacional. É preciso estabelecer uma determinada visão de mundo que legitime o domínio, mas sem controlar a violência, não existe sistema de valores que sustente um poder. Não é só economia e cultura, mas capacidade de exercer soberania sobre o território. E isso passa por um plano de soberania territorial e redução significativa da violência.

A política pós-neoliberal pode ser uma política soberana motivada pelo desejo de coordenar a reconstrução da dissolução social e o esvaziamento da soberania estatal provocada pela devastação (neo)liberal. Isso envolve alianças heterodoxas orientadas pelo território e às condições concretas de comunidades e suas necessidades visando isolar as forças que esvaziam a soberania. Reaver diversos graus de soberania perdida.

Recorrer a políticas públicas segmentadas sem enfrentar a questão global colocada – a perda da soberania – não criará condições para enfrentar a extrema-direita. Ela se aproveita das contradições eminentes da esquerda liberal, incapaz de realizar as transformações no qual diz representar, sendo vista como "mais do mesmo", parte do sistema neoliberal. Sem soberania, qualquer política pública cai no vazio. O centro de uma retomada soberana começa pelo Estado que está cada vez mais fraco, sem alcance e efetividade, nem o controle sobre a obediência passiva dos cidadãos, desacreditados com um sistema que leva à "guerra de todos contra todos". Sem garantir a integridade territorial do Estado, ampliar as ambições e capacidade de mobilizar os habitantes, a soberania continuará sendo vilipendiada. Assim, o desejo de soberania deve guiar a formação de um bloco histórico capaz de enfrentar a oligarquia financeira.

O fortalecimento da extrema-direita levou a esquerda cada vez mais a defender o *status quo*. A esquerda só poderá ver o sentido do mundo que virá se apontar para uma agenda politicamente mais incisiva – no sentido que a instituições devem se submeter ao interesse nacional, socialmente conservadora – no sentido de valorização da moral e da família - e economicamente desenvolvimentista – com o Estado tomando a frente em temas como soberania territorial, econômica, tecnológica e industrial.

Existe uma revolta contra o Estado ter virtualmente se desintegrado e a esquerda deve se centrar na criação de uma "vontade coletiva nacional-popular" que defenda a soberania do Estado. Somente ao expandir-se dentro do aparelho do Estado e territorialmente existe potencial de reconfiguração e ressignificação do Estado. Para este embate, é preciso uma verdadeira reforma intelectual e moral, superando as contradições do liberalismo, promovendo uma nova onda histórico-cultural ligada ao espaço das classes populares.

O povo deseja não apenas acumular cada vez mais bens materiais, mas também segurança para não ser morto violentamente, espiritualidade, conhecimento, amor. A deterioração progressiva do quadro social exige um Estado forte e soberano. Enquanto a direita defende que o Estado sempre perca seu poder, um Estado cada vez mais mínimo, no limite inexistente e totalmente privatizado, a esquerda deve abrir não da falsa soberania, subordinada aos monopólios e o capital financeiro global. Para que a esquerda retome seu papel será necessário abrir um amplo debate sobre a soberania. A esquerda liberal escolheu a globalização, mas querendo minimizar seus efeitos mais negativos. Nessas condições, ser de esquerda é defender o fortalecimento do Estado e da soberania territorial, estar com o povo na luta pelo bem-estar se generalizar, assim como a coesão social e o desenvolvimento econômico. Enquanto a direita tenta criar um território livre de Estado, a esquerda deve territorializar o Estado. Lutar por governos centrados na soberania – popular, política, econômica, cultural, energética, tecnológica, alimentar, etc. Só é possível "mudar o mundo" através do Estado. Assim como foi no século XX, hoje conquistar o poder estatal é o centro para a mudança radical, desde que não seja pelos parâmetros de administrar um Estado neoliberal, que esvazie o próprio Estado. A canalização da revolta deve se orientar para a conquista do Estado. Se orientar para desencadear as energias nacional-populares.

Um populismo de esquerda que combine os grandes temas do conservadorismo – nação, família, dever, autoridade, padrões, tradicionalismo – com um desenvolvimentismo renovado – competitividade, industrialização, ações anti-monopólios, aumento da renda e do emprego, interesse nacional. Uma esquerda capaz de expressar o descontentamento geral com o liberalismo nas sociedades. Compartilhar a história do ponto de vista liberal – sem nação, memória, tradições – leva a deslegitimação social num mundo cada vez mais perigoso e instável. Nesse sentido, presume-se que cada país possa desenvolver uma plataforma que alie a esquerda e setores conservadores visando isolar os liberais que agem contra o Estado. A aliança entre esquerda e os liberais está ultrapassada. A esquerda está herdando todo o desgaste do capitalismo neoliberal que amplifica as crises sociais, políticas e econômicas. Se os populistas de direita conseguem tocar alguns clássicos da esquerda, por que é que o inverso também não pode ser verdade? Existe um espaço político para atender aos "deixados para trás" que desejam politicamente o fortalecimento da soberania nacional, na economia o desenvolvimento econômico e socialmente os valores conservadores? Seria possível uma formulação para uma nova esquerda anti-globalista, em defesa da nação, soberania e da família, em oposição ao neoliberalismo e à nova direita? Uma esquerda populista conservadora tem capacidade de ser um movimento político dominante no Ocidente?

5. Alternativas pós-neoliberais

Para Samir Amin, o imperialismo atual encontra suas bases econômicas na era do "capitalismo monopolista generalizado". Segundo Amin, essa fase se caracteriza pelo avanço da integração mundial dos mercados monetários e financeiros, assim como pela centralização do poder dos diretores dos monopólios e seus servidores assalariados. O avanço da mundialização e liberalização do capital no advento do neoliberalismo se contrasta com os limites nacionais e locais para a mobilidade da força de trabalho, a fim de garantir maiores taxas de exploração. Existe hoje um imperialismo comandado por uma tríade liderada pelos Estados Unidos, que tem como sócios minoritários a Europa e o Japão, um capital monopolista que tem o controle quase total (e cada vez mais) de a economia global, e que através do controle de diferentes setores pode dominar "por cima" e "por baixo" os pequenos produtores e o grosso da população mundial. Exemplo disso é a subordinação, extração de renda e eventual absorção dos pequenos agricultores pelo grande capital através de multinacionais de sementes, de um lado, e multinacionais de comércio e distribuição, de outro (AMIN, 2003).

Amin destaca que o imperialismo contemporâneo se baseia na defesa de cinco monopólios no mercado mundial: os fluxos financeiros e monetários, as fronteiras tecnológicas, o acesso aos recursos naturais do planeta, os meios de comunicação e as armas de destruição em massa. Qualquer medida que vise romper os monopólios e a dependência tem uma resposta violenta por parte dos monopólios, oligopólios, agentes que se beneficiam da financeirização e do Departamento de Estados dos EUA, incluindo sanções criminosas, cooptação, golpes, terrorismo e ameaças de todo tipo para frustrar qualquer iniciativa transformadora, desencadeando ferozes processos contra-revolucionários (AMIN, 2003).

Amin considera que é um mito a possibilidade de os países do Sul atingirem os ricos com políticas de desenvolvimento e é extremamente cético quanto à viabilidade de projetos nacional-populares que não rompam com a lógica do capitalismo. É neste contexto que Amin aponta a Grande Comunidade do "Sul Global" que representa 90% da população mundial, apostando numa outra civilização. A luta por um mundo multipolar com a China, a Rússia e a Índia como as grandes locomotivas, constitui o caminho mais provável para fazer a transição para uma nova civilização que consiga orientar-se para o Bem Comum Mundial. Conforme Amin, o Sul Global deve afirmar suas próprias posições e distanciar-se da globalização sob o domínio do Norte que monopoliza tecnologias, acesso a recursos naturais e domínio do sistema financeiro. O Norte prescinde do Sul, mas o Sul pode prescindir do Norte, pois tem recursos naturais, meios para desenvolver tecnologia e substituir as exportações com destino ao Norte para fortalecer as trocas com outros países do Sul. O caminho para emancipação seria por meio de maior estatismo e soberania, o que se choca com a dominação imperialista em escala mundial (AMIN, 1997).

André Gunder Frank argumenta que os países do Terceiro Mundo não poderiam – e não deveriam – reproduzir a trajetória de desenvolvimento econômico do Primeiro Mundo, uma vez que esse desenvolvimento era produto das relações de exploração colonial e imperialista. O produto dessas relações de subornação ao centro é o que Gunder Frank chamou de "desenvolvimento do subdesenvolvimento". Ele questiona a "importação" de modelos de modernização econômica etapistas/capitalistas como solução para a desigualdade e pobreza nos países periféricos. A aplicação destes modelos no Terceiro Mundo levaria apenas ao enriquecimento das classes dominantes nacionais e internacionais pela superexploração da mão de obra periférica. Assim, defende interpretações socio-históricas que gerem soluções coerentes com as especificidades locais de cada um dos países terceiro-mundistas (FRANK, 2010).

Uma das formas mais hábeis de dominação imperial acontece por meio da difusão da teoria que os países coloniais atrasados em seu desenvolvimento devem atravessar paulatinamente diversos estádios de dependência e associação às potências mais desenvolvidas e avançadas.

O Norte criou uma cartilha para o mundo, sintetizada pelo que se chama de "Consenso de Washington" - CW. Em resumo, o CW exige do Sul Global a aplicação de políticas de "ajuste fiscal" que levam a privatização de empresas estatais, a oligopolização da indústria e o sucateamento de agências governamentais e a infra-estrutura logística, com a redução da capacidade de intervenção do Estado no processo de desenvolvimento econômico e social e maior dependência de produtos tecnológicos produzidos no exterior. Porém, os que seguiram este receituário, desconsideraram que nenhum país criou condições para o bem-estar populacional sem construir um sistema industrial sob a coordenação de um Estado soberano. Trata-se de um anti-desenvolvimento, realizado em prol de monopólios e oligopólios que controlam a economia nacional. O Sul não pode se fundir com o Norte, pois aí não haveria nem Norte e nem Sul. O Norte só existe pela diferença duradoura com o Sul. Por isso talvez que no Norte não se pratique o que se prega ao Sul Global.

> Argumentamos que o CW é uma rede de poder inserida no bloco hegemônico neoliberal. O CW ajuda a implementar o modelo neoliberal de ajuste e reforma que incluiu a liberalização unilateral do comércio e das finanças, a privatização de empresas estatais, o mais rápido possível - terapia de choque - a fim de adaptar e disciplinar esses países no 'caminho certo' da modernidade rumo ao primeiro mundo e a re-regulamentação de normas e instituições[2]. Assim, como afirmamos, o CW é antes um padrão específico de interdependência assimétrica entre atores internacionais e transnacionais historicamente definidos e mediados por um conjunto de instituições internacionais. Essa rede de poder caracteriza-se como

> uma relação Norte-Sul permeada pela ideologia econômica neoliberal, apresentada como um pacote de políticas para países em desenvolvimento e subdesenvolvidos. O caráter consensual desse padrão de interdependência assimétrica tornou-se mais forte após a Guerra Fria com a retórica do "fim da história", o fracasso das experiências econômicas e políticas autoritárias do "socialismo real" e a perda de confiança na política de planejamento estatal minada pela crise fiscal nos países menos desenvolvidos na década de 1980. Na América Latina e na África, os governos implementaram o CW de acordo com as recomendações de instituições financeiras internacionais como o FMI e o Banco Mundial. Essas instituições concederam empréstimos e linhas de crédito a países em desenvolvimento condicionados a políticas drásticas de ajuste econômico baseadas principalmente em: 1) liberalização financeira; 2) liberalização comercial unilateral; 3) privatização de empresas públicas; 4) re-regulamentação da economia e; 5) cortes de gastos e ajuste orçamentário (VADELL, 2014).

Depois de um ciclo apoiando ditaduras de direita pelo Sul Global, os EUA passaram a interferir em outros países dizendo que estão promovendo "a democracia" e pelos "direitos humanos", coagindo instituições financeiras internacionais para assegurar sua supremacia por meios econômicos, políticos, militares e culturais. Aqueles que agem para realizar seu potencial nacional fora deste pequeno clube é perseguido por todos meios possíveis para que não realizem uma transição social, econômica e política que superem efetivamente e de forma duradoura a dependência e controle externo sobre seu território e instituições, muitas ditas "democráticas".

Esse modelo, também denominado de "liberal-dependente", caracteriza-se pelo caráter dependente e pela falta de uma estratégia nacional de desenvolvimento. Do ponto de vista da estrutura social, este modelo se caracteriza pela aliança política entre uma burguesia industrial nascente e uma burocracia pública e privada também nascente. Em uma primeira fase, o Estado além de indutor do desenvolvimento econômico, é produtor, porque se encarrega da poupança forçada e dos investimentos que exigem grandes capitais e proporcionam retorno lento. Em uma segunda, depois de formar um sistema empresarial poderoso, o Estado reduz seus investimentos, mas continua a ter um papel indutor importante. E, em alguns casos, como o do Brasil, caracterizado por elevado grau de desigualdade, desenvolve compensatoriamente um sistema de proteção social amplo.

Na melhor versão, elaborada pelo sociólogo e ex-presidente Fernando Henrique Cardoso, é defendida a viabilidade de um processo de democratização no interior de um capitalismo dependente. Haveria sobras do Norte para satisfazer parcialmente as necessidades na periferia. Para FHC, seria possível amenizar as contradições da dependência, por meio de políticas sociais, num contexto liberal e democrático. Não seria necessário romper com a dependência para se ter ganhos como "sócio minoritário" dos países centrais (CARDOSO, 1970).

Esta linha é defendida pelos "economistas ortodoxos", guiados pelas teorias do "livre mercado", com apoio de organizações internacionais, grupos de pressão, lobistas de empresas transnacionais, mídia corporativa e forças políticas interessadas na associação subalterna ao Norte. Essa ideologia econômica faz parte da guerra cultural para que todos aceitem o capitalismo liberal como única alternativa, apesar de seus efeitos nefastos sobre as maiorias populares. Além disso, "economistas" liberais defendem a "especialização" dos países, que consideraram um efeito positivo de uma economia aberta global. Isso é, países do Sul Global devem ser exportadores de matérias-primas e alimentos para o Norte, pois esta seria sua vocação na divisão internacional do trabalho. E o Norte, por sua vez, poderia inundar os mercados do Sul Global com bens industriais que os fabricantes locais não deveriam produzir, frustrando assim qualquer iniciativa de desenvolvimento industrial sustentado.

Atualmente existem duas alternativas econômicas para o neoliberalismo em crise: o estado desenvolvimentista e o socialismo de mercado.

Um estado desenvolvimentista é caracterizado por ter forte intervenção do estado, bem como extensa regulamentação e planejamento. A ideia de "Estado desenvolvimentista" fundamenta-se na construção de processos de desenvolvimento alicerçados em políticas setoriais, programas macroeconômicos e projetos de infraestrutura, com a participação ativa do Estado. Geralmente, a caracterização de um Estado desenvolvimentista compreende, segundo Bresser-Pereira (2010), (a) um certo nível de nacionalismo econômico; (b) a proteção ou a sustentação da indústria doméstica; (c) o fortalecimento da burocracia estatal; (d) o corporativismo fundado em uma aliança entre Estado, trabalho e setor privado; (d) o incentivo à inovação e à transferência de tecnologia; e (e) a prioridade do crescimento econômico sobre a estabilidade monetária. Em distintos contextos, porém, cada uma dessas características se revela mais ou menos evidente (BRESSER-PEREIRA, 2010).

Chalmers Johnson foi o primeiro a propor o conceito de "estado desenvolvimentista", usando o termo para descrever fortes políticas intervencionistas implementadas pelo Japão que levaram a uma industrialização rápida e sustentada e a um desenvolvimento econômico de longo prazo. O termo tornou-se uma abreviação para a ascensão bem-sucedida dos países recém-industrializados (NICs) do Leste Asiático, ou os 'Tigres Asiáticos' – Japão, Coréia do Sul, Taiwan e Cingapura. Este paradigma afirma o Estado como chave para o processo de desenvolvimento, com capacidade e intenção de resolver falhas de mercado, escassez de capital e falta de coordenação entre governos e elites econômicas. Um dos princípios de um estado desenvolvimentista envolve a elaboração de uma aliança estado-empresa mutuamente benéfica, por meio da qual o estado implementa uma série de incentivos e recompensas para persuadir os capitalistas domésticos a realizar investimentos em setores específicos da economia. Essa relação sustenta parcialmente a justificativa para a propriedade nacional. A propriedade nacional abre um espaço de desenvolvimento para empresas domésticas competirem com empresas multinacionais por meio do protecionismo estatal. Como as empresas estrangeiras podem expulsar as empresas de propriedade nacional nas indústrias de média e alta tecnologia, as empresas nacionais só podem alcançar o reconhecimento da marca e a sutileza tecnológica das empresas estrangeiras por meio do protecionismo do mercado em um período de tempo limitado. Crucialmente, as relações estado-empresas estão inseridas em uma estrutura política, na qual a gestão centralizada de rendas permite que os estados imponham estabilidade política, reduzam os custos de transação para atores privados para motivar o empreendedorismo e criar mais oportunidades para "rent-seeking" impulsionado pela produtividade (JOHNSON, 1999).

O desenvolvimento liderado pelo Estado não é apenas gerar crescimento econômico ou fornecer serviços sociais. Envolve muito mais do que simplesmente gerenciar variáveis macroeconômicas como taxas de câmbio, volumes de oferta de moeda e taxas de juros. Em suas versões mais avançadas, o estado também controla empresas que vão desde a manufatura até o varejo e as indústrias de turismo. Os investimentos são feitos por meio de agências governamentais, em vez de depender de mercados de capitais privados, que são menos inclinados a correr riscos porque carecem de informações completas. O setor público está no centro de muitas economias por meio da propriedade pública de serviços públicos, como sistemas de transporte, serviços de comunicação e instalações de produção de energia, entre outras coisas.

Na década de 1990, um grupo de países, entre os quais Índia, Indonésia, Cingapura e Coréia do Sul, impressionaram o mundo com altas taxas de crescimento, melhoria relativa das condições de vida da população e notórios progressos em termos de infraestrutura e inovação tecnológica. Tudo isso foi obtido graças à vigorosa intervenção do Estado, sem, no entanto, criar déficits orçamentários ou endividamento público. Esses países negaram-se a aceitar as "boas instituições" promovidas pelos países do Norte e continuaram com políticas industriais, comerciais e tecnológicas fortemente protecionistas. Na prática, como demonstra Chang, o que esses países fizeram foi adotar o mesmo conjunto de políticas que, em diferentes momentos históricos, tornaram ricos os países hoje desenvolvidos; depois, passaram a condenar tais políticas, em uma clara estratégia de "chutar a escada" que lhes propiciou ascender economicamente (CHANG, 2004).

A segunda estratégia de desenvolvimento no Sul Global é representada pelo Socialismo de Mercado, pelos países que estão em transição para um modo de produção misto, combinando o modo de produção camponês e o modo de produção socialista com o modo de produção capitalista. China e Vietnã estão à frente desta vertente, mas havendo variações dela nos países socialistas remanescentes e experiencias de governos democráticos na África e América Latina, com resultados variados. O "milagre" da economia chinesa é uma ilustração de um modelo de desenvolvimento alternativo à ortodoxia neoliberal promovida por Washington.

O socialismo de mercado não é nem capitalismo e nem socialismo soviético. Ele remonta as propostas da Nova Política Econômica da Rússia na década de 1920, passa pelo projeto de reformas socialistas na Hungria e outras Repúblicas do Leste Europeu na década de 1960 e 1970, ganha dimensão histórica na China com as reformas a partir de 1978, depois nas reformas de mercado no Vietnam e no Laos na década de 1980.

Ao invés de adotar a cartilha liberal, a China modernizou e reforçou suas empresas estatais. Manteve o monopólio sobre os ramos econômicos estratégicos (financeiro, petróleo, energia, etc), mas com a novidade de colocar as diversas estatais em concorrência, evitando a burocratização e promovendo o desenvolvimento científico. As estatais também concorrem com as empresas privadas, obrigando-as a elevar a produtividade, baixar custos e preços. Na China, a economia de mercado é profundamente conectada com o sistema econômico socialista, cujo fundamento é a propriedade pública como base da coexistência de uma variedade de propriedades. A economia de mercado foi implantada sob sistemas capitalistas no ocidente. Na China foi construída a partir de uma economia socialista. O atributo "socialismo" aponta o objetivo e natureza da economia de mercado.

Não foi a economia liberal que transformou a China numa potência global, mas o socialismo com uma economia mista, onde concorrem e cooperam – sob a mediação do Estado liderado pelo Partido Comunista – diferentes formas e relações de propriedade. Seu socialismo realista incorpora o capitalismo como força produtiva, mantendo o Estado na vanguarda da construção econômica com a propriedade social paralelamente à propriedade privada.

O principal fio condutor na história da China desde 1949 é a persistente estrutura institucional Partido/Estado, com toda sua centralidade, ora contestada, ora reforçada, e seus efeitos amplos e profundos, ideológicos, políticos e econômicos, na vida chinesa. O enraizamento do partido está em cada província, cada cidade, escola, asilo, vilarejo, comandos por bairro, etc – hoje até nas grandes empresas. O sistema de governança nacional sob a liderança do Partido Comunista da China é o resultado do desenvolvimento de longo prazo, melhoria gradual e evolução endógena com base na herança histórica, tradições culturais e desenvolvimento econômico e social da China. O conceito de aperfeiçoamento integra a expectativa entre as gerações. O Partido, com cerca de 80 milhões de pessoas, é singular em tamanho e sua forma de organização, com capacidades de governança incomparáveis aos sistemas ocidentais, tendo vantagens significativas que outros partidos políticos não possuem (MARCELINO, 2023).

Mesmo os observadores mais exigentes têm que admitir que sob a liderança do Partido Comunista da China, a força nacional abrangente da China tem sido continuamente aprimorada, os padrões de vida das pessoas têm melhorado continuamente e a harmonia e estabilidade sociais foram alcançadas enquanto se continua a promover grandes reformas. A garantia da estabilidade política é o sustentáculo de um projeto de longo prazo. O país com sistema único fortalece o comando e as funções de controle do executivo. Assim, é possível coordenar ações externas, províncias, setores industriais, empresas, etc, atingindo um grau de coordenação estatal completamente impossível em qualquer país ocidental.

No início do período de reforma e da abertura, Deng Xiaoping disse uma vez: "Nosso sistema será aperfeiçoado dia a dia. Ele vai absorver os fatores progressivos que podemos absorver de todos os países do mundo e se tornar o melhor sistema do mundo". O Partido Comunista da China pratica o centralismo democrático, tem um sistema organizacional e disciplina rígidos, cobrindo todos os departamentos e campos e alcançando o nível de base. Ao contrário dos partidos ocidentais que são relativamente frouxos, sem base de mobilização popular real, com divisão de poderes e governos, muitas vezes em conflito permanente, o Partido Comunista da China é capaz de unificar pensamentos e ações, com forte capilaridade social e capacidade organizacional, alta eficiência no planejamento e execução, podendo realizar tarefas importantes e responder efetivamente aos principais desafios nacionais. Ele absorve grande maioria dos membros proeminentes da sociedade chinesa para se tornarem membros do partido, mas também tem talentos notáveis de todas as esferas da vida, o que é incomparável a qualquer outra organização política. É verdade que a China costuma ser alvo de críticas por concentrar o poder no Partido Comunista, mas as vantagens de tal sistema político são evidentes.

Apesar da propaganda negativa, a China vem provendo, segundo alguns estudiosos, a "maior transformação econômica dos últimos 250 anos" da história mundial, com relativo sucesso a melhora das condições de vida da população. A novidade deste modo de produção emergente é sua capacidade de contribuir para o desenvolvimento das forças produtivas e se subordinar a um processo de constante redistribuição de renda, de presença da sociedade e do Estado na economia através de empresas de propriedade cooperativa, pública, estatal e mista.

Para se liberar as forças produtivas, ocorre a flexibilização do controle dos meios de produção de setores não-estratégicos, favorecendo a formação de empresas privadas e cooperativas. O crescimento do setor privado se deu em conjunto com o aumento da competitividade das estatais e cooperativas. O gasto público cresceu significativamente com as empresas estatais sendo a espinha dorsal da economia, mantendo controle dos principais meios de produção que atuam no mercado sozinhas e em grupos e servem de base do planejamento macro-econômico, capaz de dirigir e regular o mercado. Os chineses abriram sua economia de forma calculada e gradual, apresentando como atração o baixo custo relativo de mão-de-obra, a boa infra-estrutura de energia, transporte e comunicação, orientação no processo de investimentos e a estabilidade social e política. Aproveitando o capital externo para criar e adensar suas cadeias produtivas, condicionaram os investimentos à associação com empresas chinesas, a transferência de novas e altas tecnologias e a participação no comércio internacional. Criaram um sistema monetário soberano. Modernizaram as estatais e descentralizaram o planejamento. Mantém uma política ativa de distribuição de renda por meio de aumentos constantes de salários, aposentadorias e serviços públicos. E assim vem superando a dependência.

Em um artigo de David Lane intitulado "Porque o socialismo de mercado é uma alternativa viável ao neoliberalismo?", debate-se a atualidade da perspectiva socialista de mercado. Considerada uma alternativa viável ao capitalismo, a ideia-chave, de acordo com cientistas políticos britânicos como Julian Le Grand e David Miller, é que o socialismo de mercado retém o mecanismo de mercado enquanto socializa a propriedade do capital. A "propriedade social" pode assumir muitas formas. A propriedade cooperativa é altamente favorecida. Os empregados não possuem suas máquinas ou empresas, o que seria considerado uma forma de capitalismo empregado. Em muitas versões, as empresas têm o direito de usar e obter receita de seus ativos, enquanto as agências de investimento possuem o capital e tomam decisões de gestão estratégica. Mas cada empresa tem uma forma democrática e o controle dos funcionários é uma delas (LANE, 2013). Conforme Lane,

> Uma consequência de uma política socialista de mercado é que as empresas que falham ao público e claramente carecem de responsabilidade pública seriam socializadas. Atualmente, os setores bancário, de energia e de transporte ferroviário seriam os principais candidatos. As políticas econômicas poderiam ser realizadas dentro da estrutura capitalista para restaurar o crescimento e o emprego. Isso permitiria a introdução de formas de planejamento indicativo que aumentariam ainda mais o controle público (LANE, 2013).

Lane enfatiza que a maximização do lucro continuaria a ser a motivação do empresário. A competição de mercado continuaria gerando lucros ou incorrendo em falência. O objetivo seria alcançar um maior grau de igualdade na distribuição da propriedade de capital. A renda da propriedade de capital não é obtida e sua distribuição altamente desigual representa uma "responsabilidade moral". Essa propriedade seria "entregue" à propriedade pública. No entanto, os lucros do verdadeiro empreendedorismo e inovação continuam e atuam como incentivos. E a renda continuaria sendo usada como as pessoas desejassem – estilos de vida luxuosos e conspícuos poderiam continuar (LANE, 2013). Nesta transição socialista de mercado:

Os valores capitalistas de competição e incentivo ao lucro ainda existem e podem derrotar os elementos socialistas introduzidos pela propriedade social. Essas políticas, pode-se admitir, são formas de capitalismo democrático com características socialistas. Os níveis de desigualdade, mesmo refletindo uma contribuição positiva para a economia, não seriam aceitos por muitos na esquerda. Lane aponta que o socialismo de mercado tem a vantagem não apenas de fortalecer a democracia, mas também de se mover na direção do socialismo dentro das sociedades capitalistas de mercado. A socialização da economia, tal como o controle público, poderia ser introduzida de forma fragmentada, formando um sistema híbrido. E a manutenção de muitos aspectos do capitalismo, concomitante à introdução da propriedade e do planejamento socializados, é considerada como tendo mais apelo para o público.

Haveria conquistas positivas em termos de alocação de capital e distribuição de renda. Tem algum apelo até mesmo para os céticos em relação ao planejamento e à gestão do Estado. Como um programa mínimo, ele reverteria a financeirização e instalaria a propriedade pública sobre as empresas em falência. Finalmente, estenderia o muito valorizado bem social da democracia na forma de cooperativas e controle dos empregados. Lane enfatiza que os socialistas de mercado podem ser culpados por simplificar demais suas propostas para um sistema econômico híbrido. Empresas autônomas que buscam eficiência de mercado exigem incentivos e seu sucesso é medido em termos de lucratividade. Isso, por sua vez, não apenas gera desigualdade, mas mina os valores socialistas. As forças de mercado, mesmo no contexto de propriedade pública, acarretariam um nível de anarquia econômica e incerteza. Lane pondera que a divisão da economia em setores privados, coletivos e estatais e a orientação do planejamento central e do mercado não tem sido fácil e operacionalmente sem problemas, nem sempre combinando o melhor dos dois sistemas, ou seja, o mercado livre e o socialismo planejado centralmente (LANE, 2013). Lane impressiona as mentes mais utópicas que acreditam num socialismo sem conflitos, erros e contradições. Trata-se de um sistema de transição essencialmente contraditório, com diversos riscos de sabotagem e cheio de percalços.

Em um mundo com extrema necessidade de novos modelos, as "economias de mercado socialistas" asiáticas podem oferecer uma alternativa realista para outros países em desenvolvimento? O modelo contém importantes lições para outros estados, mas devido às suas características distintas, bem como às variações locais entre China, Vietnã e Laos, a economia socialista de mercado não representa um modelo facilmente transferido e copiado para outros estados. Além disso, a economia de mercado socialista é produto de um período único, representando estados comunistas moldados pela Guerra Fria, adaptando-se às forças da globalização e à liberalização do comércio e dos fluxos de capital. Porém, considerando as dificuldades de transição, todos os modelos de socialismo de mercado são variações adaptadas às condições nacionais. E representam um modelo que tem melhor desempenho do que os sistemas econômicos de países com um nível semelhante de renda per capita em uma ampla gama de indicadores de desenvolvimento[1].

Nessa etapa de estágio de desenvolvimento das forças produtivas, o caminho socialista terá que conviver com uma proporção de ações capitalistas que contribuam para completar aquele desenvolvimento, conjugando diversas formas de propriedade: estatal, privada, pública

[1] Hansen, Arve (org.) A economia socialista de mercado na Ásia. Desenvolvimento na China, Vietnã e Laos

não-estatal, empresas mistas, associações público-privadas, público-público, público-cooperativas, cooperativo-privadas, empreendimentos de economia solidária. No socialismo a economia de propriedade pública não se limita às economias estatais e coletivas, abrangendo em si ainda os componentes de propriedade estatal e de propriedade coletiva dentro das economias de propriedades mistas. O setor público deve apoiar e desenvolver a área socialista da economia, industrialização sobre a base de relações de produção socialistas, introdução de elementos de planificação econômica e gestão socialista. As formas de propriedade social, tais como autogestão, comunal e a propriedade estatal devem passar a jogar um papel crescente no sistema econômico. A formação de novas estatais também pode contribuir para o aceleramento de setores de ponta e a transformação de todas as estatais em indutoras de industrialização. Consórcios estatais-privados também deveriam atuar para o desenvolvimento das micros, pequenas e médias empresas capitalistas, industriais e agrícolas, na perspectiva de romper os oligopólios das grandes burguesias, estrangeiros e nacionais, reforçar a pequena e a média burguesia e, portanto, incentivar a competição entre elas. O mesmo em relação às cooperativas e empresas solidárias. O desenvolvimento das economias não-estatais sob as condições de predominância da economia de propriedade pública é a exigência objetiva do desenvolvimento da força produtiva na fase inicial do socialismo e desempenha importante papel para satisfazer as necessidades diversificadas da população para a vida material e cultural, ampliando os empregos e promovendo a expansão de toda a economia nacional.

Tensões e contradições num processo de construção deste modo de produção socialista de mercado, guardadas as características nacionais, são geradas inevitavelmente. É evidente que o socialismo não é a erradicação da discórdia, a criação de unanimidades em torno do "bem comum" ou a geração espontânea e permanente de consensos. Se o socialismo fosse sem conflitos, defeitos e contradições, estaríamos no reino na utopia, no pior sentido do termo. Por isso, o socialismo de mercado, apesar das contradições, supera a perda do escopo e a pureza da agenda socialista, colocando mais concretude onde reinam boas intenções. Diante do capitalismo senil, o socialismo de mercado oferece uma saída. Quanto mais povos e países iniciarem transições socialistas fortalecendo este modo de produção emergente, podendo desafiar o capitalismo financeiro e transnacional, inibir suas tendências mais destrutivas, como guerras, fome, miséria, desemprego, crise climática, colonialismo, etc, mais rápido poderá uma ofensiva socialista conter as inerentes tendências destrutivas do capital. Não se sabe se o socialismo de mercado será a formação social de transição em todos os países do Sul Global para ter efetiva soberania, realizar o crescimento econômico, técnico e científico, tendo a indústria como principal instrumento, que os levará a uma sociedade superior ao capitalismo. Apesar disso, a experiência até agora exitosa demonstra que o socialismo de mercado é uma poderosa estratégia cujos paradigmas podem ser utilizados por qualquer país para seu desenvolvimento.

De forma geral, o socialismo de mercado é um sistema de transição socialista, partindo das condições nacionais, combinando regulação do mercado com medidas globais de planificação, admitindo uma diversidade de formas produtivas para equilibrar o desenvolvimento econômico e social. Ainda existe um longo caminho para o processo de desenvolvimento socialista com mercado nestes países, porém, pode ser que um socialismo que conjugue desenvolvimento nacional, com estabilidade política e crescimento econômico – como o socialismo de mercado – venha a despontar durante o século XXI como um sistema social mais dinâmico, eficaz e justo que o capitalismo neoliberal. Nos resta saber qual é o governo adequado para realização destas aspirações. Em qual sistema político o Estado tem vitalidade e legitimidade para efetivamente governar numa orientação desenvolvimentista ou socialista de mercado?

6. Dilemas dos novos governos progressistas na América Latina

Durante a década de 1980, a América Latina viveu o que ficou conhecido como "a década perdida". As causas imediatas da crise relacionam-se com a crise mundial do final dos anos 1970. A contração da economia mundial levou ao colapso os preços do petróleo e de outras matérias-primas, atingindo as economias latino-americanas que exportavam essas *commodities* para o mercado mundial. Soma-se a isso, o aumento das taxas de juros aplicado pelos Estados Unidos, o que encareceu muito os juros da dívida externa da América Latina. Diante de finanças descontroladas e crescimento da inflação, os países latino-americanos – muitos sob lideranças populistas de direita, como Fernando Collor no Brasil e Carlos Menem na Argentina - foram forçados a "abrir" suas economias, o que significou uma maior penetração de multinacionais estrangeiras e adesão ao "consenso liberal". As proteções comerciais foram derrubadas, a economia foi desnacionalizada, o setor estatal foi privatizado e proteções trabalhistas existentes foram abolidas. No final da década de 1990, o impacto total dessas políticas estava claro para todos verem: aumento maciço da pobreza e da pobreza extrema, baixo crescimento, perda da soberania nacional e a abertura de um enorme abismo de desigualdade na distribuição de renda, com um domínio cada vez maior dessas nações pelo mercado capitalista mundial.

Em 1998, Hugo Chávez vence as eleições presidenciais e se torna o primeiro presidente de um governo de esquerda depois de décadas na América Latina. O sucesso do chavismo se deu pela promoção do nacionalismo, com uma proposta de fusão militar/civil, com fortalecimento da soberania territorial, com suas "missiones" para melhorias na vida da população mais pobre, graças à alta dos preços internacionais do petróleo. Após uma tentativa de golpe em 2002, organizada por membros do exército e do empresariado, com apoio da Casa Branca, Chávez se fortaleceu politicamente e garantiu sua reeleição em 2006 e 2011, tornando-se a principal figura da Onda Rosa – uma série de governos progressistas que emergiram no processo pela América Latina.

A eleição de Hugo Chávez na Venezuela, em 1998, dá início ao que seria um movimento que praticamente todo o continente experimentaria, com líderes de esquerda sendo eleitos e um marcante crescimento econômico – em comparação com o período dos anos 1980 e 1990 - durante a primeira década do século. Além de Chávez, surgem nomes como Néstor e Cristina Kirchner na Argentina, Luiz Inácio Lula da Silva no Brasil, Evo Morales na Bolívia, José Pepe Mujica e Tabaré Vázquez no Uruguai, Rafael Correa no Equador, Michelle Bachelet no Chile, Alan Garcia no Peru e Fernando Lugo no Paraguai — apenas a Colômbia não ingressou, em momento algum, na primeira Onda Rosa.

Os dois grandes segredos do sucesso dos primeiros governos progressistas foi a ascensão da China e a Guerra ao Terror dos Estados Unidos.

Por um lado, o crescimento chinês possibilitou os excedentes capazes de mediar o conflito de classes. Apesar das diferenças, todos esses governos se beneficiaram de um fator comum: um ciclo relativamente longo de alta de preços das matérias-primas, que durou quase uma década, terminando no *crash* das *commodities* a partir de 2014. Petróleo, gás natural, zinco, cobre, soja em grão etc, que são as principais commodities de exportação dos países sul-americanos, todos tiveram forte alta de preço a partir de 2004-05, queda 2007-08 e, em seguida, uma forte recuperação que durou até 2014-15. O "super-ciclo de *commodities*" foi, em grande parte, impulsionado pela entrada da China no mercado mundial, dado o desenvolvimento de sua indústria, acompanhado por uma grande demanda por matérias-primas e fontes de energia. A última subida, após a crise mundial de 2007, deveu-se às fortes medidas keynesianas de gastos estatais adotadas pela China no rescaldo dessa crise, que teve forte impacto na América do Sul. Em 2009, a China tornou-se o principal parceiro comercial de toda a região, desbancando os Estados Unidos. Esse ciclo de alta dos preços das *commodities* foi a base para a estabilidade de todos esses governos "progressistas". A emergência da China como uma potência global, a formação de outras articulações de fortalecimento do Sul Global e o enfraquecimento da hegemonia estadunidense acentuaram o processo de ascensão.

Por outro lado, destaca-se também a orientação da política externa dos Estados Unidos em suas guerras ao terror no Oriente Médio nos governos republicanos de George Bush, o que se modifica nos governos do democrata Obama, iniciando um ciclo de golpes institucionais por todo o continente. A crise financeira de 2008, no entanto, contribuiu para o seu esgotamento e formou as condições para uma contra-ofensiva dos Estados Unidos contra o continente rebelde. A conversão das esquerdas para a democracia liberal levou a não se perceber a situação geopolítica adequadamente, imaginando que um democrata como Obama não iria querer derrubar outra democracia seguindo prescrições institucionais e jurídicas. Se falava que a "democracia" estava consolidada. Viu-se então o início de um poderoso movimento que se materializou nos golpes em Honduras (2009), Paraguai (2012), Brasil (2013-2016), Venezuela (2019) e Bolívia (2019), na tentativa de golpe no Equador (2010). Ao mesmo tempo, se deram ações de guerra híbrida dos EUA contra a Venezuela e vitórias eleitorais da direita e da extrema-direita em diversos países da região. Este movimento – a Nova Operação Condor Liberal Democrática na América Latina - marcou a década de 2010, sendo a resposta à crise financeira global, que impulsionou o capital e o imperialismo norte-americano a controlar recursos naturais estratégicos, intensificar a exploração da força de trabalho e reduzir direitos sociais, além de dificultar as alianças Sul-Sul da América Latina.

No ano de 2015, a vitória de Maurício Macri, na Argentina, começou um levante reacionário que tomaria conta da América Latina. Interrompia-se ali mais de uma década de vitórias progressistas por toda a região, levando a governos abertamente de direita como Bolsonaro no Brasil, Peña Nieto no México, Piñera no Chile, governos golpistas em Honduras e Bolívia. Porém, com governos ultra-liberais, a maioria perdeu legitimidade rapidamente.

A nova Onda Rosa de governos progressistas acontece com Andrés Manuel López Obrador no México (2018), Alberto Fernandez e Cristina Kirchner na Argentina (2019), Nayib Bukele em El Salvador (2019), Luis Arce na Bolívia (2020), Pedro Castillo no Peru (2021), Gabriel Boric no Chile (2021), Gustavo Petro na Colômbia (2022) e Lula no Brasil (2022). Guatemala e Honduras também em 2022.

Entretanto, a "nova onda" progressista se depara com um cenário distinto de sua primeira emergência. Gustavo Petro superou o empresário Rodolfo Hernández nas eleições colombianas de 2022, contando com 50,44% dos votos contra 47,31% — um pleito apertado em um país que nunca havia, em sua história, escolhido um líder que não fosse de direita ou centro-direita. O Brasil elegeu pela terceira vez, Luiz Inácio Lula da Silva, em um confronto acirrado com o então presidente, Jair Bolsonaro: Lula alcançou 50,90% dos votos, enquanto Bolsonaro chegou a 49,10%. São pleitos muito apertados que tiveram a diferença entre os candidatos menor do que 2%. Aqueles que assumiram na primeira Onda Rosa tiveram uma margem de votos muito maior, muito mais confortável. As suas populações, àquela época, não estavam com tal nível de polarização e crise social.

O caráter desses novos governos – que no seu conjunto são muito mais fracos, mais dóceis e, em geral, mais liberais em suas políticas do que os da "onda progressista" anterior – é determinado pelo fato de que eles não podem contar nem com o limitado espaço de manobra que a primeira onda desfrutou em 2005-15. A região foi a mais afetada no mundo pela pandemia, tanto pelo número de mortos, quanto pelo impacto socioeconômico. Nos dez anos, até 2023, o PIB da região cresceu, em média, 0,8%. Durante a década perdida de 1980, o crescimento médio foi de 2%.

Para João Estevam dos Santos, ainda é muito cedo para falar em uma Nova Onda Rosa. Defende que a Onda Rosa que tivemos nos anos 2000 foi algo um tanto diferente do que vemos hoje, tendo um ciclo de crescimento econômico especialmente ligado ao *boom* das *commodities* e uma base social de esquerda mais forte que possibilitou sua ascensão e governabilidade. Segundo ele, hoje, temos um panorama diferente, com governos que ascenderam em momentos de crise e não conseguiram contorná-la, como a Argentina com a eleição de Alberto Fernández em 2019. As mobilizações populares, cada vez mais constantes, também são resultado da nova oposição que, para João Estevam, está "disposta a minar as bases de governabilidade do novo governo para implementar sua própria agenda, diferentemente do que houve nos anos 2000, em que estes governos de esquerda tinham mais liberdade de implementar sua agenda mais progressista. Hoje, isso parece ser mais limitado". Além disso, nota-se que diferença ideológica e programática dos governos da primeira onda era menor do que na atual. Por exemplo, a diferença entre Boric e Maduro é muito maior do que a diferença entre Chávez e Bachelet.

Na primeira onda rosa, havia dois núcleos bem distintos de governantes progressistas: um deles liderado pelo Brasil de Lula e a Argentina de Néstor e Cristina Kirchner – e que apostava em estruturas como a Unasur e a Celac -; o outro, Bolivariano, centrado na Venezuela e em Cuba e apoiado na ideia da ALBA. Os dois núcleos não eram concorrentes, mas complementares, ainda que se diferenciam no método, na velocidade e abrangência das políticas e no posicionamento em relação aos Estados Unidos. Agora vem ocorrendo uma nova bifurcação no campo progressista latino-americano.

Cortés apontou que vivemos uma nova disputa nos últimos anos no interior das esquerdas e da intelectualidade crítica da região, herdada do primeiro ciclo "progressista". Se apresentaria agora uma contradição entre o "neoextrativismo" ou "(neo)desenvolvimentismo" e o "ecologismo", "indigenismo" ou "bem viver" (Cortés, 2021) – substituindo em parte a anterior divisão tão propalada na literatura entre os "radicais" ou "populistas" e os "moderados" ou "democratas". Na literatura, Pablo Stefanoni (2011) lançou este tema sobre o "pachamamismo".

Porém, nos chama mais a atenção outra bifurcação. Se na primeira onda se destacava a diferença entre um bloco mais nacionalista e outro mais social-liberal, agora, na segunda onda, destaca-se um bloco populista mais conservador e outro liberal pós-populista. E, este último, com uma esquerda mais liberal, institucional e convencional. As experiencias remanescentes da primeira onda – Venezuela e Nicarágua – podem ser vistas dentro deste campo do populismo conservador de esquerda. Na Nicarágua, a manutenção do poder da Frente Sandinista de Libertação Nacional está ligado a uma agenda "pró-família", incluindo leis rigorosas contra o aborto, com o fortalecimento das relações com a Igreja, tradicionalmente crítica aos sandinistas. Isso criou um cenário estável onde a oposição fica dividida e desorganizada. A onda de movimentos conservadores na Venezuela se desenvolveu com igrejas evangélicas e outros grupos que defendem o que chamam de "projeto original" da família. Nos últimos anos, o chavismo construiu pontes com igrejas evangélicas como parte de uma estratégia política. Os grupos religiosos são consultados em qualquer iniciativa legislativa que envolva a família, embora o Estado venezuelano seja laico de acordo com a Constituição.

Obrador no México, Bukele em El Salvador e Castillo no Peru são as novidades da nova onda de governos progressistas, numa mistura entre progressismo econômico e conservadorismo de valores, em diferentes experiências pós-liberais. Na atual conjuntura latino-americana, chama atenção na segunda onda, a ascensão destas experiências que formam uma nova linha política, que poderia ser denominada populismo conservador de esquerda. Esses fenômenos confundem a esquerda e a direita, por adotar políticas que podem ser vistas como uma fusão inconveniente.

No plano econômico mexicano, López Obrador preservou a estreita associação com os Estados Unidos através de acordos de livre-comércio, mas introduziu alguns ruídos na relação com o Norte, pois promove uma reforma do sistema elétrico, que tem causado uma grande agitação entre as empresas estadunidenses. Esta iniciativa concede preponderância ao Estado em detrimento das empresas privadas. Ele manteve o pagamento da dívida externa, mas rejeitou as ofertas de novos financiamentos condicionados pelo FMI. Concedeu algumas melhorias sociais aos idosos, facilitou uma recuperação salarial e introduziu algumas modificações no sistema trabalhista regressivo. Os questionamentos levantados pelos projetos de desenvolvimento contrastam com o imobilismo e a sequência de crises financeiras e cambiais que outros países toleram com calma e resignação. Algumas iniciativas econômicas do presidente mexicano assumem um perfil neodesenvolvimentista, como o Trem Maya para impulsionar o turismo através da ampliação da rede ferroviária. Também é possível constatar uma redução constante na taxa de desemprego do país. Em outras áreas, os problemas do México são mais graves. Enfrenta um nível de criminalidade e uma taxa de homicídios alta. O índice de mortes violentas no país não diminuiu, com cerca de 29 homicídios para cada 100 mil habitantes. Apesar de exibir concepções mais à esquerda em temas econômicos, Obrador traz uma série de posicionamentos considerados conservadores no âmbito dos direitos humanos, o que faz com que a agenda voltada ao meio-ambiente e questões de gênero pouco avancem no país. Obrador se opõe aos valores da esquerda liberal. Contra o individualismo, o populismo. Contra a globalização, o patriotismo. Contra a falta de identidade, diz que o México está cheio de civilizações e culturas. Fato constatado é que AMLO possui uma alta aprovação popular, com a concordância de mais de 65% da população mexicana em relação a suas ações.

No México, a previsão é de continuação das propostas do atual governo López Obrador, com a eleição da possível primeira presidente mulher do país, a ex-prefeita da Cidade do México, Claudia Sheinbaum. No dia 2 de junho, Claudia Sheinbaum vai concorrer contra outra mulher, a opositora Xóchitl Gálvez, garantindo ao México a liderança feminina.

Entender o fenômeno político de Nayib Bukele em El Salvador é fundamental para a esquerda do continente. Apesar de ser o menor país continental da América Latina, trata-se do presidente mais popular, com mais de 90% de aprovação.

Bukele é um dos muitos filhos do falecido Armando Bukele, um empresário e intelectual de ascendência palestina. Uma figura importante na comunidade muçulmana de El Salvador, Bukele pai também era um apoiador e financiador de longa data da FMLN. Depois de abandonar a faculdade, Nayib teve uma curta carreira como empresário, trabalhando em uma agência de publicidade familiar. Em 2012, Bukele concorreu à prefeitura de um pequeno subúrbio de Nuevo Cuscatlán, onde construiu sua marca pessoal – incluindo sua cor característica, ciano, uma diferença notável do tradicional vermelho e branco da FMLN. Em 2015 foi eleito prefeito de San Salvador. Em 2017, foi expulso da FMNL.

Bukele se define como "nem esquerda, nem direita" e diz que a "política tem de ser técnica, e não ideológica". Em entrevista concedida em 2012, Bukele afirma que pertence "à esquerda radical, pois quer mudanças radicais". Para ele, tão grave quanto a desigualdade social, onde mais de 40% da população vive na pobreza, é a divisão ideológica: "Agora há uma direita e uma esquerda que discordam em como se deve administrar o Estado, e não uma luta de oprimidos e opressores, como existia antes". Bukele concorreu às eleições nacionais de 2019 prometendo melhorar a conjuntura econômica, social e especialmente securitária do país (ROSEN et al., 2023). Sua base era composta de salvadorenhos de classe média e trabalhadora, incluindo um grande número de cristãos evangélicos e ex-eleitores da FMLN frustrados. Setores da capital salvadorenha fora da oligarquia tradicional o apoiaram, junto com os interesses representados no bloco conservador. Provou ser uma coalizão imbatível. Bukele venceu com 53% dos votos.

Em 1º de junho de 2019, Bukele assumiu o comando do país. De pronto, lançou uma grande ofensiva contra o crime organizado com o

Plano de Controle Territorial, destacando forças policiais e militares para cercar as cidades e conter a atividade das quadrilhas como uma estratégia de segurança abrangente para conter a onda de criminalidade causada por gangues e outros grupos criminosos. Na ação radical de combate à criminalidade, a primeira cidade visada foi Soyapango, no leste da capital, uma das áreas mais assediadas pelo crime e por gangues. As Forças Armadas de El Salvador (FAES) e a Polícia Nacional Civil (PNC) cercaram o município com 8.500 soldados e 1.500 agentes, durante a madrugada do dia 3 de dezembro. Em março de 2022, um grupo de criminosos praticou um massacre que resultou na morte de 87 pessoas. Com tal ocorrência, Bukele conseguiu que a Assembleia Legislativa aprovasse no mesmo dia o Decreto 333, que suspendeu os direitos e garantis individuais previstos na Constituição, entre eles o direito de defesa e inviolabilidade da correspondência e a liberdade de associação e circulação. Também tornou possível o Estado interferir nas telecomunicações sem decisão judicial. O regime de exceção foi reeditado por diversas vezes e os índices de criminalidade despencaram. Segundo o Presidente Bukele, em 11 de maio de 2023 completou-se o período de 1 ano sem um único homicídio. Nesse processo, Bukele se aproximou dos militares, colocando-os num rol executivo mais visível e proeminente. Em fevereiro de 2023, começou a funcionar uma mega prisão, chamada de Centro de Confinamento de Terrorismo, com capacidade de abrigar 40.000 presos. É estimado que cada cela terá um número aproximado de 100 detentos. Outra polêmica na estratégia de Bukele no combate às gangues é a prisão de adolescentes. O governo reduziu a maioridade penal de 16 anos para 12 anos, com um período máximo de prisão de 10 anos (ABIERTA, 2023).

Além do Plano de Controle Territorial, medidas de natureza econômica e social foram tomadas. El Salvador teve reconhecido pela Organização Mundial da Saúde o fato de ter se livrado da malária, o turismo aumentou e vem crescendo continuamente, o centro histórico, outrora tomado pelas gangues, tornou-se um lugar seguro e quase todos os dias, ao cair da tarde, dezenas de pessoas dançam cumbias e boleros.

No campo externo, Bukele desenvolveu uma política de boas relações com os Estados Unidos e com a China. Com a queda da violência, a imigração diminuiu. Com a China, passou a integrar a Rota da Seda. Os chineses estão construindo um novo estádio nacional, a Biblioteca Nacional e um novo cais no Porto de La Liberdad, uma das melhores áreas da costa turística. Existem projetos para construção de um novo aeroporto de classe mundial e uma rota de trem ao largo da Costa do Pacífico.

O sucesso de Bukele mostra o fracasso dos partidos de esquerda e de direita que não conseguem canalizar as exigências dos cidadãos e carecem de ideias, esperanças e de um projeto claro para a sociedade com garantias para todos os setores sociais. O partido de Bukele venceu as eleições legislativas de fevereiro de 2021, ganhando uma maioria absoluta no legislativo e a maior parte das prefeituras em todo o país. Críticos apontam que o plano de ação de combate ao crime e a violência suprimiu direitos fundamentais que caracterizam o Estado Democrático de Direito, resultando na prisão de pessoas meramente suspeitas de integrar alguma gangue, não garantindo o devido processo legal, levando ao encarceramento em massa, com 2% da população em presídios. Porém, as medidas autoritárias da administração de Bukele reforçam a democracia popular, ao atender um anseio real da população em resolução desta questão.

Para a esquerda liberal, é preocupante o risco da proliferação da "bukelização". Candidatos da extrema-direita na Colômbia, Equador, Argentina e Brasil vem apresentando propostas de seguir o modelo salvadorenho, sendo uma tendência de este perfil nas próximas eleições. E a esquerda permanece inerte sobre o fenômeno, acusando-a como sendo autoritária e de direita. Não se percebe que esta é uma reação natural diante de décadas com expressivos índices de violência. Mesmo que seja "mãos-de-ferro", a perspectiva de viver em países seguros é uma aspiração real e verdadeira da grande maioria do povo. É a reafirmação da soberania, perdida num estado onde o crime toma conta. As sociedades estão esgotadas pela criminalidade, pela instabilidade econômica e laboral, pelos elevados índices de corrupção e subdesenvolvimento, pela falta de oportunidades e por terem a sua voz tida em conta.

Cada vez mais, a maioria popular é a favor de governos não democráticos, desde que estes resolvam os principais problemas que assolam seus países. Muitos desejam voltar ao "consenso político democrático normal", leia-se a "democracia-neoliberal", mas os povos querem ser protegidos do grande capital predatório, não importa qual o custo político para que seja feito. O "novo normal" político visa o restauro da coesão social e da capacidade do Estado diante da ruptura aberta pela globalização econômica-cultural. Se expressa um desejo de estabilidade, proteção, garantias, planejamento e segurança.

O caso peruano é mais complexo, pois um golpe retirou do poder Pedro Castilho. Sua ascensão evidencia a crescente insatisfação popular a uma das maiores crises políticas já enfrentadas pelo país, e também a aversão às figuras declaradamente de extrema direita e da esquerda liberal. Nas últimas décadas, o país enfrenta um alvoroçado cenário político cercado por investigações de corrupção, processos de impeachments e renúncias que remontam os governos de Alan García (2006-2011) e Ollanta Humana (2011-2016), bem como as gestões conservadoras de Pedro Pablo Kuczynski (2016-2018) e Martin Vizcarra (2018-2020).

Embora considerado de esquerda, Pedro Castillo embaralhou sinais ideológicos durante a campanha ao mesclar ideias político-econômicas marxistas com a defesa de uma agenda moral conservadora. Apesar de sua posição econômica mais à esquerda, Castillo talvez fosse o mais conservador dos presidentes da Onda Rosa, na linha Papa Francisco, progressista na economia e com posições conservadoras quanto à legalização do direito ao aborto, pautas sexuais e de gênero na educação e ao casamento entre pessoas de mesmo sexo.

Nas eleições gerais de 2021, vence Pedro Castillo, com uma diferença de apenas 44 mil votos, por um partido de esquerda sem muito enraizamento social, o Peru Livre. O resultado da eleição foi questionado e levou mais de um mês para ser confirmado, devido a disputas judiciais envolvendo a apuração dos votos. Teve seu governo permanentemente desestabilizado pelo golpismo da oposição desde seu início. No país, ministros têm de ser aprovados pelo Congresso, o que, num governo de minoria parlamentar, pode tornar o ato de governar um exercício de infindáveis negociações e chantagens entre os poderes. No Congresso peruano de 130 lugares, Pedro Castillo contava com 15 votos, originalmente sólidos, do Peru Livre, e 5 votos, não muito sólidos, do Juntos por el Peru. Nos 495 dias que durou seu mandato, Pedro Castillo foi obrigado a nomear um total de 78 ministros. três pedidos de impeachment, passou por quatro dissoluções do gabinete e seis investigações pelo Ministério Público por corrupção.

Castillo teve três tentativas de impeachment. A primeira foi em novembro de 2021. Não obteve apoio parlamentar suficiente (46 contra 76, e 4 abstenções). A segunda foi em março de 2022 com a acusação de "incapacidade moral permanente", que obteve 55 votos (54 contra e 19 abstenções), mas falhou porque legalmente eram necessários 87 votos. E, finalmente, em 1 de dezembro de 2022, o Congresso votou a favor do início de um processo de declaração de "vacância" contra Pedro Castillo por "incapacidade moral permanente". Desta vez, a direita reuniu 73 votos (32 contra e 6 abstenções). A moção de mais de 100 páginas, incluía pelo menos seis "investigações parlamentares" por alegadamente "liderar uma organização criminosa", por tráfico de influência, obstrução à justiça, traição (numa entrevista Castillo abordou a possibilidade de oferecer à Bolívia acesso ao mar através do território peruano), e, mesmo, por "plagiar" sua tese de mestrado.

Castillo fez um pronunciamento na rede nacional de TV do Peru anunciando que instauraria um governo de exceção e passaria a governar por decretos. Segundo ele, o objetivo das medidas era "restabelecer o estado de direito e a democracia". Castillo anunciou as medidas depois de o Congresso ter aprovado a abertura do processo de impeachment, votado à toque de caixa. Castillo foi preso momentos depois de ter sido destituído, enquanto se preparava para deixar o Palácio do Governo. Ficou preso e incomunicável por meses. A resistência ao golpe gerou um cenário sem precedentes de rebelião popular de alcance extraordinário. A marcha sobre Lima com milhares de pessoas, mobilizações em 15 regiões convulsionadas por 80 bloqueios de estradas, levantados para enfrentar uma repressão atroz de policiais que passaram a matar sem qualquer impedimento (Zelada, 2023).

A embaixadora dos EUA em Lima, Lisa D. Kenna, reagiu imediatamente nesse mesmo dia com uma nota destacando que os EUA "rejeitam qualquer ato inconstitucional do presidente Castillo para impedir o Congresso de cumprir seu mandato". O "mandato" do "Congresso" era depor o presidente Pedro Castillo. Se formou uma coalizão para nomear e sustentar no poder a vice-presidenta Dina Boluarte. Seu governo aprovou, junto do Congresso peruano, a entrada de tropas estadunidenses. E elas ficariam estacionadas no Peru, sem limite legal para essas tropas.

Apesar das diferenças, estas experiências podem ser vistas como formas de "conservadorismo de esquerda". A emergência deste fenômeno é que distingue a segunda onda na América Latina. Ela regressa à missão de melhorar a vida das classes trabalhadoras e média, mas rejeitando os postulados globalistas, voltando-se ao Estado-nação e a necessidade das pessoas de comunidade e pertencimento, inclusive religioso.

Situação paradoxal vive o Brasil. Em 2022, Lula volta ao governo federal depois de uma eleição disputada com Bolsonaro. Lula é a liderança que, diferente das demais, regressa e é inserido nesse processo de enlace entre um período e outro. Lula é o único remanescente do primeiro ciclo progressista na região.

Lula é mais conservador nos costumes, mas a agenda cultural na esquerda brasileira aderiu muito ao liberalismo na última década, num cenário diferente dos primeiros governos Lula. O PT de Lula cresceu por ser uma expressão da esquerda conservadora, com Deus e Família da Teologia da Libertação e Pátria contra os entreguistas. Com o tempo, o PT foi se adequando ao liberalismo de esquerda, primeiro na economia política da democracia-liberal, depois nos costumes e valores. Com o tempo, a esquerda perdeu a hegemonia cultural na sociedade. Mesmo assim, pouco percebeu que sua política opera uma forma cultural de exclusão, sendo a linguagem da elite cultural da classe média, mas absolutamente distante das culturas populares reais, muitas evangélicas e conservadoras nos valores da família, aterrorizadas pela perda da soberania do Estado sobre o território nacional. Críticos apontam que o PT deixou de lutar pela extinção de divisões e fronteiras na sociedade (fronteiras de gênero, etnia, cor da pele e orientação sexual) e passou a lutar para acentuar essas fraturas através de identidades, transformando a luta por direitos e condições iguais para todos numa luta por direitos a serem distribuídos diferentemente por gênero, etnia e orientação sexual. Os "privilégios" que a esquerda passou a combater não eram mais os econômicos, mas sim de ter nascido num gênero, etnia e orientação sexual historicamente não perseguida. A substituição da luta política e econômica pela luta linguística marca uma ruptura com a cultura popular e das formas tradicionais da língua.

Na economia, a estratégia desenvolvimentista dos governos PT busca estimular, via política de aumento real no salário mínimo, aumento das transferências sociais e expansão do crédito, o crescimento baseado no consumo de massa. Só que, sem a elevação dos investimentos na produção, um plano de reindustrialização, uma maior justiça tributária e a revisão e reversão de reformas e medidas impopulares promovidas pelas duas últimas gestões, dificilmente a atividade econômica alcançará até 2026 um desempenho próximo ao verificado nos governos Lula I (2003-2006), com crescimento médio de 3,5% ao ano, e Lula II (2007-2010), de 4,6% ao ano. Sem promover uma agenda desenvolvimentista, corre-se alto risco de Lula registrar o seu pior desempenho frente à presidência do país.

E, considerando a situação do atual governo, mesmo que se realize um programa de reformismo forte, capaz de alavancar a capacidade investimento e da indústria – o que parece distante já que só seria possível com adesão da grande maioria popular e uma estratégia desenvolvimentista clara – a divisão cultural entre esquerda e conservadores deve se acentuar neste processo, levando à eminente captura pela extrema-direita. Por isso, repensar as relações com os conservadores deve ser o maior desafio do terceiro mandato de Lula.

Bruno Machado aponta que as eleições de 2018 e 2022 demonstraram como algumas pautas morais e culturais podem se sobrepor às pautas políticas e econômicas. É certo que a defesa do armamento civil e o negacionismo científico são impopulares, mas o punitivismo na segurança pública e a defesa da heteronormatividade, intitulada como defesa da família, não só são muito populares como impulsionaram uma candidatura abertamente contrária a direitos sociais, privatista e elitista, temas que são muito impopulares no Brasil.

> O bolsonarismo apela a pautas morais porque sabe que perde na opinião popular nas pautas políticas e econômicas. Se houvesse uma esquerda conservadora nos costumes, dividindo o espaço no debate público com uma esquerda progressista, possivelmente a direita seria enfraquecida com suas pautas individualistas e privatistas. Se faz necessário ressaltar que é evidente que a esquerda historicamente construída, pautada na ciência e no humanismo sempre será a esquerda progressista, combativa em relação a todas as formas de opressão. Entretanto, o conservadorismo das massas populares é uma realidade a ser administrada e o materialismo que embasa a esquerda precisa levar tal fato em consideração. Não há nenhuma restrição teórica ou prática a existência de duas esquerdas na política: uma progressista e outra conservadora nos costumes. Levando tudo isso em consideração, se efetivamente crescer no Brasil uma esquerda conservadora nos costumes, as diversas pesquisas de opinião feitas no Brasil demonstram um potencial de grande adesão ideológica desse movimento político com a classe trabalhadora. O que poderia significar também um enfraquecimento da extrema direita, que só teria como diferencial suas pautas altamente minoritárias na opinião pública como a defesa de privatizações e a redução de direitos trabalhistas (MACHADO, 2022).

O bloco progressista está se dividindo entre uma "nova esquerda antipopulista" e uma "nova esquerda conservadora". Ao mesmo tempo que as eleições de López Obrador no México e Bukele em El Salvador em 2019 iniciam um novo ciclo no continente, no mesmo ano, Alberto

Fernández na Argentina impulsionou um caso típico de populismo liberal de esquerda. Acabou que nem concorreu à reeleição. As políticas de Gabriel Boric suscitam frustração no Chile, com 20% de aprovação e rejeição maior de 60% da população. O governo Fernández na Argentina e Boric no Chile são espectros do que pode acontecer com os demais países da América Latina. A esquerda terá que se articular não apenas para vencer a direita, mas para conseguir atender as expectativas de mudança da população. E isso não se faz sem grande apoio popular. Petro chegou a dizer que se a nova onda repetir a primeira, o fracasso será estrondoso. Alguns apontam que a vitória de Javier Milei na Argentina, Santiago Peña no Paraguai e Daniel Noboa no Equador já marca o fim da nova "onda rosa" na América do Sul. A nova "onda rosa" estaria se tornando rapidamente uma "onda cinza".

No atual cenário regional latino-americano, o aumento das economias ilegais e do crime organizado, os altos níveis de violência e homicídios são fatores têm cada vez mais forte influência nos processos eleitorais. A expansão incontrolável do crime organizado, alimentada pela demanda por drogas dos mercados americano e europeu, continua causando estragos, até em países que enfrentavam poucos problemas, como o Chile e o Equador. No caso brasileiro, sem uma intervenção, o estado paralelo do crime pode se sobrepor a autoridade do Estado em diversas regiões e cidades, além de inviabilizar de vez a capacidade de organização popular. E a instabilidade política deve aumentar se a economia continuar não indo bem. Segundo as projeções da Comissão Econômica para a América Latina e o Caribe (CEPAL), em 2024, a economia da América Latina deve crescer em média apenas 1,9%. São 0,3 pontos a menos do que em 2023. É a taxa mais baixa de todas as regiões do mundo.

A América do Sul está vivendo uma instabilidade política pela intensificação da disputa hegemônica entre o liberalismo de direita e esquerda. Só que, se a antiga direita neoliberal priorizava a propaganda de seus princípios econômico-sociais – defesa do livre-mercado, estabilidade monetária, abertura comercial e financeira, austeridade fiscal, retirada de direitos sociais, privatizações etc. – agora a extrema direita prioriza a agitação de bandeiras ligadas às crenças e valores conservadores. Isto cria um lastro ideológico mais forte e mais difícil de ser quebrado porque apela para temas de ordem religiosa e moral arraigados na cultura popular. Seu discurso anti-sistêmico se limita aos deveres do Estado, obrigando as forças de esquerda a defender, inclusive, instituições ou mecanismos da democracia burguesa formal e limitada e o neoliberalismo. Em grande medida, o progressismo deixou de ser nacional-popular para se tornar cosmopolita-liberal. Nesse contexto, a escalada de tensões em torno das pautas de valores tem sido instrumentalizada pela direita para dificultar a construção de consensos sobre temas econômicos e sociais mais "clássicos", como o combate às desigualdades e à fome, distribuição de renda, superação da dependência nacional, entre outros. A esquerda liberal passa a ser vista como integrante do "sistema", que recua facilmente de seu programa econômico, buscando compensar intensificando o liberalismo cultural, o que acirra a contradição com setores populares. Assim, ao seguir uma linha liberal para economia, política e cultura, a esquerda mina sua legitimidade popular, sua verdadeira razão de ser. E, enquanto a esquerda for incapaz de conquistar a hegemonia no que se refere a um novo projeto civilizatório, a opção liberal-conservadora terá espaço político assegurado.

Pablo Stefanoni aponta que as forças progressistas se encontram no meio de uma crise de identidade (e de voto) sem precedentes, mesmo quando chegam ao governo. Nesta segunda onda de governos progressistas, ele vê a existência de "governos sem hegemonia":

> O progressismo regional navega hoje com uma bússola precária e os velhos discursos "nacional-populares", que muitas vezes homogeneizam demasiado o "povo" e não respondem às diversidades sociais do presente, têm uma capacidade decrescente de interpelação (nas suas versões extremas esses discursos também levam a uma certa infantilização das leituras do conflito político e social). Por outro lado, a esquerda no poder deve governar de forma negociada, quer com forças mais centristas, quer com as coligações que as

> apoiam [...]. Se as esquerdas refundacionistas – que não se limitaram ao bolivarianismo duro – se imaginaram em longos períodos de governo, hoje devem lidar com eleitorados mais instáveis e opiniões públicas mais tensas (STEFANONI, 2022).

Para Stefanoni, se trata de um contexto onde o progressismo parece ter perdido o poder emancipatório ou de transformar a realidade. Não que o progressismo não ganhe mais eleições, nem tenha mais poder, mas perdeu essa dimensão mais transgressora e revolucionária. As esquerdas parecem hoje ser mais eficazes para vencer do que governar, e enfrentam diversos obstáculos, internos e externos, que reduzem sua eficácia político-ideológica. Os governos progressistas enfrentam, então, um cenário em que as guerras culturais do Norte penetram de diversas formas a opinião pública e contribuem para delinear uma linguagem inconformista transversal a diferentes setores sociais. Dessa forma, as rebeldias de direita parecem ter chegado para ficar. Elas que estão capturando melhor as iras, insatisfações, medos do futuro. Ele propõe que, diante disso, as esquerdas precisam de votos, precisam de maiorias para governar, precisam conciliar pautas progressistas não equivalentes (diversidade, ecologismo, feminismo e justiça social) e envolver novas classes trabalhadores de caráter heterogêneo (social, moral e etnicamente) (STEFANONI, 2021).

É verdade que mundo está em transição para um novo regime de acumulação e legitimação que substitua o globalismo neoliberal. Portanto, a manutenção do liberalismo nos campos da esquerda e da direita faz parte da crise, não sua solução. Variantes de globalismo neoliberal – seja de esquerda ou direita – não serão alternativas ao globalismo neoliberal. É preciso conter a fonte de instabilidade: o próprio liberalismo. Só será possível "estabelecer um novo e duradouro modelo de acumulação-dominação que retome o crescimento econômico e a adesão social" se houver uma mudança nas estratégias das forças em disputa. A crise de legitimidade da democracia-liberal não será resolvida por meio da intensificação da disputa entre populismos liberais de esquerda e direita. Elas vão intensificar a polarização social e continuar esgarçando os laços políticos, intensificando o individualismo e o poder de grandes monopólios econômicos e políticos.

A esquerda se tornou uma força política débil e fraca para promover as mudanças que ela desejaria. Se ganham governos, mas não se governa. Não há política, pois seus governos carregam uma agenda alheia. Sem questionar os princípios da democracia liberal e do neoliberalismo, a esquerda ficará cada vez mais fraca e isolada socialmente. A única solução é a formação de uma nova forma de Estado, mais centralizador e com autoridade reforçada para lidar com os grandes problemas nacionais.

Um caminho alternativo supõe uma coalizão de poder forte e com capacidade de sustentar por um longo tempo um projeto de afirmação nacional. Com uma estagnação econômica e sem contato com os setores conservadores, a "lua de mel" da esquerda liberal na América Latina deve durar um pouco. O alcance da onda progressista atual é mais fraca por manter o liberalismo que desconecta – mesmo sem saber – o campo progressista e popular, não apenas pelo choque de classes, mas também pelo impacto cultural que o liberalismo causa no povo. Para se transformar de uma "maré rosa fraca e pouco profunda" (OPPENHEIMER, 2022) numa "maré forte e profunda" será preciso desfazer o campo liberal-conservador. E isso não será feito com uma aliança mais profunda com o liberalismo, que mina as capacidades econômicas, políticas e culturais de manter um governo e conquistar uma hegemonia de longo prazo. Dessa forma, a segunda onda mais liberal será mais curta que a primeira. E seu fim eventualmente pode ser mais catastrófico, pois poderá ser combinado com a ascensão de uma direita pós-liberal, muito mais perigosa do que as correntes ultra-liberais dominantes atualmente.

7. Linera e o economicismo

Sobre os governos progressistas na América Latina, a avaliação de Álvaro Garcia Linera, é que a primeira onda do início dos anos 2000, até 2015, foi uma tentativa. E a contrarreforma do retorno neoliberal que veio depois, nos últimos anos, foi a tentativa de recuperar a estabilidade do neoliberalismo dos anos 80 e 90. Mas falhou. E agora estamos em um novo ciclo progressista na região. A América Latina viveu uma onda progressista intensa e profunda, mas que não conseguiu consolidar-se, seguida por uma resposta regressiva conservadora e depois por uma nova onda progressista. Que pode já ter sido interrompida. E concluiu os novos governos progressistas tem mais uma defesa do que foi conquistado na primeira onda, o que é complicado, pois "o progressismo que só se dedica a defender as conquistas da primeira onda é um progressismo fraco, porque não está entendendo o símbolo dos tempos. Para o progressismo, parar nas reformas é ceder. E só se consolida se avançar, não se ficar parado. Um progressismo moderado é um perigo porque fortalece as forças conservadoras". Para Linera, possivelmente ainda veremos nos próximos cinco ou dez anos essas ondas e contra-ondas de vitórias e derrotas curtas, de hegemonias curtas, até que se redefina o novo modelo de acumulação e legitimação que trará de volta ao mundo e à América Latina um ciclo de estabilidade para os próximos 30 anos (LINERA, 2021).

Linera aponta que o mundo e América Latina está vivendo "um vórtice de transição da economia global para outro modelo mais fragmentado",

> cheio de incertezas, cheio de perplexidades e complicações, de novas ondas e contraondas, tanto progressistas como conservadoras, sem que nenhuma delas ainda tenha sido capaz de se estabilizar. Esta situação poderá durar talvez mais uma década, anos que serão repletos de vitórias curtas e de derrotas também curtas. Mas, esse fluxo e contrafluxo não pode durar indefinidamente. A situação tenderá a estabilizar-se. De que maneira se estabilizará, se adotando traços conservadores e autoritários ou progressistas e democráticos, depende do que façamos hoje. Depende da audácia e perseverança com que as distintas forças políticas e classes sociais concorram ao encontro da História (LINERA, 2023).

Linera aponta que a nova direita reciclada inovou em seus métodos e meios de incidência:

> Não só ocupa as instituições, manipula oligopólios midiáticos, financia partidos políticos, esbanja financiamento empresarial; agora também ocupa as ruas, trava guerras ideológicas moleculares, alimenta narrativas de ódio e revanchismo. Ela aprendeu as lições dos últimos vinte anos, quando a esquerda tinha o monopólio das ruas e das estratégias moleculares de formação da opinião pública. É uma direita, digamos, mais "gramsciana", que aprendeu com o que aconteceu nas últimas décadas, o que gera uma situação mais complicada. Aliás, às vezes eles ocupam mais a rua do que nós. E isso é um grande erro porque a rua, o bairro, a fábrica, a universidade, a praça, a marcha, a assembleia, a ação coletiva devem ser sempre nosso território, o território do progressismo, da esquerda, dos revolucionários (LINERA, 2023).

E conclui que:

> Por isso, quando os neoliberais autoritários se propõem a "dinamitar" o Estado, o que querem fazer é dinamitar antes de tudo a história de lutas e direitos que o povo conquistou com sangue e sacrifícios. O que pretendem é apagar o pouco (ou o muito) de direitos comuns que as sociedades lavraram ao longo da história: a educação pública e gratuita, a saúde pública, os bens públicos, os

> recursos comuns (a água, os minerais, o lítio), ou os serviços públicos, que após o grande colapso induzido, como sempre aconteceu em todas as afrontas liberais, será leiloado a um bando de ricos que procuram expandir a sua riqueza privada com a riqueza pública. A substituição do público pelo privado, pelo mercado, é a extinção do que o povo tem em comum, dos laços e do destino que o une como comunidade histórica. A propriedade privada que se oferece como o bezerro de ouro dos egoísmos individuais é o oposto do comum em uma sociedade. É a conversão de uma nação em um conglomerado de zumbis atomizados submetidos despoticamente à grande propriedade de uns poucos endinheirados. Pois é privada, ou seja, propriedade de uns poucos que excluem, roubam e submetem outros tantos. E quanto maior é, mais exclusiva e excludente se torna (LINERA, 2023).
>
> É a isso que se referem quando falam em "dinamitar" o Estado. Mas, o paradoxo é que seu antiestatismo é, na verdade, um estatismo envergonhado e falaz, pois precisam do Estado para esvaziar e privatizar o próprio Estado em benefício de diminutas oligarquias. Os "antiestatistas" necessitam do Estado também para coagir e impor a força contra os rebeldes. O mercado não consegue fazer isso. Só o Estado tem a força coercitiva legal, quer dizer, comum e reconhecida por todos, para garantir e defender o direito à grande propriedade e a riqueza de poucas pessoas. Na sociedade, perder a batalha dos direitos e do comum contra a grande propriedade é perder a batalha do que transforma um conglomerado de habitantes de um território em uma nação. E a única forma de defender o que foi alcançado em comum e em direitos é expandir o comum e os direitos. As pessoas não podem preservar os seus direitos sem avançar em direção a novos. Só preservar implica retroceder. Por isso, a única maneira de derrotar a extrema direita, de impedir que cresça, é resolver a crise econômica e a crise de esperança que alimenta. É preciso resolver a crise, mas não em favor dos ricos, mas em benefício comum dos pobres, dos trabalhadores. Tomar a riqueza acumulada em poucas mãos para distribuí-la melhor entre as pessoas comuns e aumentar a produção para produzir mais riqueza a ser distribuída entre todos. Os paliativos temporários não resolvem o problema e incentivam a angústia (LINERA, 2023).

É verdade que sem um programa econômico robusto, a esquerda perderá legitimidade, o que também serve para a direita. A direita percebeu que poderia fazer uma aliança das classes médias com o conservadorismo popular. Porém, na prática, governos ultra-liberais destroem esta aliança por não se defender um Estado capaz de sustentar o crescimento das classes populares e médias, bem como orientar-se por uma política de desenvolvimento nacional. Após uma década de governos conservadores-liberais, muitos não conseguiram se reeleger nem erguer um projeto de sociedade superior ao liberalismo reinante. Os conservadores são assim usados implementar políticas liberais anti-povo, dos quais acreditavam que estavam combatendo. Dessa forma, os governos abertamente de direita, ultra-liberais e pró-imperialistas, que substituíram os governos progressistas, não conseguiram obter legitimidade, preparando o caminho para outra onda de movimentos insurrecionais em todo o continente. A esquerda, por outro lado, apesar de vitórias eleitorais, não consegue promover uma hegemonia econômica, política e cultural. Seus governos "pós-neoliberais" tem algumas medidas econômicas tímidas neste sentido, mas carrega nas ideias liberais para política e cultura, dificultando um caminho que possa criar uma estabilidade de longo prazo, agindo agora num contexto de estagnação econômica capitalista, com bases sociais estreitas e uma crescente distância entre as classes médias e trabalhadoras.

Para Linera, a extrema direita será derrotada saindo da crise econômica com maior igualdade material, redistribuição da riqueza e bem-estar popular.

> Não se pode acreditar que é o aumento do consumo dos setores populares emergentes que os podem levar a posições de direita: é a incapacidade que por vezes o progressismo e as esquerdas mostram para compreender as novas expectativas, aspirações e formas organizativas que adquirem estes setores populares emergentes que os levam, eventualmente, a abraçar posições conservadoras. Mas, o que realmente provoca um dano demolidor na articulação entre progressismo político e importantes setores populares é a frustração que pode provocar um governo progressista ao tomar decisões que não detenham (ou mesmo aumentam) a deterioração da economia popular (LINERA, 2021).

Linera diz que na primeira onda se conseguiu que as pessoas vivessem melhor, para que pudessem consumir mais, sentir-se mais seguras, economizar um pouco, mandar seus filhos para a universidade. O progressismo defendia essa melhoria substancial, mas que hoje as pessoas estão vivendo pior. Sem dúvida, melhorar substancialmente as condições econômicas é crucial para ganhar maior legitimidade. Linera acredita que a viabilidade econômica destes governos deve ser suficiente para isolar o nacional-populismo de direita.

> Assim, o primeiro problema a ser abordado pela sociedade e por qualquer governo progressista, nesta onda ou nas que virão, são as melhorias rápidas e visíveis no rendimento econômico de uma forma duradoura e previsível ao longo do tempo. A inflação corrói a certeza diária das famílias e, com ela, as lealdades e o apoio político. Para contrariar isto, só existem duas formas no mundo: ou o rendimento real da maioria é mutilado ou os lucros dos empresários são reduzidos. O progressismo e a esquerda só são verdadeiramente progressistas ou de esquerda se fizerem o último. Controle de preços, controle do comércio exterior, aumento dos impostos sobre a riqueza, eliminação de isenções de privilégios que estabilizam o valor da moeda e do salário real dos trabalhadores, nacionalização de empresas estratégicas que geram elevados excedentes. Temos de pôr de lado o velho credo liberal de ajuste e austeridade fiscal. Nas nossas latitudes, é essencial proporcionar sustentabilidade ao longo do tempo às reformas sociais, para que não dependam das flutuações dos preços das matérias-primas. Isto significa promover processos seletivos de reindustrialização em grande escala e massivos em pequena escala, tanto públicos como privados. O continente necessita de um choque de industrialização de matérias-primas, alimentos, energia verde, química básica, eletrodomésticos, carros elétricos, etc. Mas também exige um choque de industrialismo nas microáreas de consumo local, no artesanato, nos pequenos negócios e nos serviços, onde está localizada a maioria da população trabalhadora. O importante é criar uma base produtiva duradoura e ecologicamente sustentável para redistribuir a riqueza comum da sociedade e ampliar novos direitos coletivos. Ao fazê-lo, simultaneamente, será possível promover um novo horizonte de futuro mobilizador e garantir a adesão democrática da população, para que a

> democracia e o protagonismo social estejam associadas à igualdade e à justiça econômica (LINERA, 2023).

Linera diz que:

> a esquerda sai da sua marginalidade no tempo liminar porque se apresenta como uma alternativa popular ao desastre econômico provocado pelo neoliberalismo empresarial e a sua função não pode ser a de implementar um neoliberalismo com "rosto humano", "verde" ou "progressista". As pessoas não vão para as ruas e votam na esquerda para enfeitar o neoliberalismo. Mobilizam-se e mudam radicalmente as suas adesões políticas anteriores porque estão fartas desse neoliberalismo, porque desejam livrar-se dele, pois apenas enriqueceu umas quantas famílias e umas quantas empresas. E se a esquerda não cumprir isso, e conviver com um regime que empobrece o povo, é inevitável que as pessoas mudem drasticamente as suas preferências políticas para soluções de extrema-direita, que oferecem uma saída (ilusória) ao grande mal-estar coletivo. A esquerda, se quiser consolidar-se, deve responder às demandas pelas quais surgiu e, se quiser realmente derrotar a extrema-direita, tem de resolver de forma estrutural a pobreza da sociedade, a desigualdade, a precariedade dos serviços, a educação, a saúde e a habitação. E, para poder realizar isso materialmente, precisa de ser radical nas suas reformas sobre a propriedade, os impostos, a justiça social, a distribuição da riqueza, a recuperação dos recursos comuns em prol da sociedade. Abrir mão desse caminho irá alimentar a lei das crises sociais: qualquer atitude moderada diante de uma crise grave fomenta e alimenta os extremos. Contudo, quanto mais a esquerda ou o progressismo se comportarem de maneira medrosa, hesitante e ambígua na resolução dos principais problemas da sociedade, mais a direita extrema cresce, e o progressismo fica isolado na impotência da decepção. Portanto, nestes tempos, a extrema-direita é derrotada com mais democracia e maior distribuição da riqueza; não com moderação ou conciliação (LINERA, 2023).

Linera defende que o desenvolvimento econômico deve dar conta de consolidar uma nova hegemonia. Aponta que dois temas chave do progressismo e da esquerda latino-americanos contemporâneos é a economia, isso é, resolver a crise econômica, tendo em conta o setor informal, que é a maioria da população trabalhadora da América Latina, e o tema ambiental, visando uma justiça ambiental com justiça social e econômica, nunca separado, nem nunca à frente. Linera não explica como realizar um programa econômico de reformismo forte sem contar com o crescimento chinês e uma ampla base popular, hoje dividida com a direita liberal. Com pouca margem de manobra, os governos progressistas neoliberais devem ter menos capacidade econômica para exercer políticas sociais. E, mesmo mais fracos e dispersos, esses governos serão forçados a um confronto com a própria burguesia e com o imperialismo norte-americano.

Para Linera, começando por resolver as exigências econômicas mais básicas da sociedade e avançando na "democratização real", a extrema-direita poderá ficar novamente confinada aos seus nichos. Defende que o caminho para derrotar a extrema-direita, reduzindo-a a um nicho – que continuará a existir, mas sem irradiação social – reside na expansão de reformas econômicas e políticas que se traduzam em melhorias materiais visíveis e sustentadas nas condições de vida dos cidadãos, nas maiorias populares da sociedade, na maior democratização das decisões, numa maior democratização da riqueza e da propriedade, uma série de ações práticas de distribuição de riqueza que resolvam os principais ansiedades e demandas populares (pobreza, inflação, precariedade, insegurança, injustiça...). Porém, trata-se de uma leitura economista da questão. A ideia subjacente é que os setores populares vão esquecer a questão cultural se a esquerda realizar um programa econômico nacionalista robusto. Linera não leva em consideração que este setor informal é formado, em grande medida, por evangélicos, avessos ao liberalismo comportamental. Acredita que se houver a capacidade de abrir as portas para que elas possam viver melhor de forma prática, concreta e imediata, as pessoas voltarão a confiar nas bandeiras progressistas. Isso é, o fator econômico voltará a ser preponderante e as questões culturais serão secundarizadas. Será mesmo? As camadas populares conservadoras irão virar culturalmente liberais apenas com desenvolvimento econômico? Ela cria efetivamente as condições necessárias de uma nova hegemonia? Em outro momento, o próprio Linera alerta que:

> É preciso identificar os problemas com os quais a extrema-direita interpela a sociedade, pois o seu crescimento também é um sintoma do fracasso da esquerda e do progressismo. Não surge do nada, mas depois de o progressismo não se ter atrevido, não ter conseguido, não ter querido, não ter visto, não ter entendido a classe trabalhadora e a juventude precária, não ter captado o significado da pobreza e da economia acima dos direitos de identidade. Aí reside o núcleo do presente. Isto não significa que não se deva falar de identidade, mas que é preciso hierarquizar, compreendendo que o problema fundamental é a economia, a inflação, o dinheiro que foge dos bolsos. E não se pode esquecer que a própria identidade tem uma dimensão de poder econômico e político, que é o que ancora a subalternidade (LINERA, 2023).

Claro que o principal é resolver a crise econômica, mas isso não será possível numa conjuntura de menor crescimento chinês e adoção de políticas liberais, fortalecendo a democracia liberal e os valores liberais. Sem dúvida, a esquerda não se distinguir do neoliberalismo é um passo crucial para atender as expectativas populares. Mas, mesmo realizando um programa pós-neoliberal na economia, a extrema-direita não será capaz de vencer novas eleições em conjunturas econômicas adversas ou bloqueios econômicos? É verdade que a crise econômica levou à direita recrutar a base popular nacional, mas foi o distanciamento moral e cultural da esquerda que consolidou a opção à direita. E um programa econômico reformista parece pouco possível de ser implementado em condições institucionais tão instáveis, sem clareza ideológica, numa permanente tensão e polarização no interior da unidade popular nacional.

As questões levantadas por Linera são corretas, mas sua solução é incompleta. Não se trata apenas de economia. Romper com o liberalismo econômico é essencial, mas isso só acontecerá junto com uma mudança na superestrutura, para usar um termo clássico. Com uma superestrutura liberal, não haverá programa econômico reformista. Não haverá uma nova hegemonia na América Latina se não houver um maior esforço de concatenar progressistas e conservadores contra o neoliberalismo econômico, político e cultural. Enquanto ultra-liberais serem os representantes dos conservadores, eles vão seguir na disputa política, redobrando suas apostas, com formações mais extremas e projetos mais reacionários. Se o progressismo não alterar sua estratégia mais ampla, eles sempre estarão disputando para valer a futura primazia governamental. E assim se permanecerá um equilíbrio frágil, entre a soberania liberal à direita e pós-neoliberalismo liberal à esquerda. Sem questionar o liberalismo econômico, político e cultural (e o esvaziamento das soberanias nacionais), a esquerda deve ficar pelo caminho, à deriva, abrindo mais espaço para as forças da extrema-direita. É essencial compreender que o "problema fundamental" não é apenas econômico, mas territorial, além do conjunto de valores que as forças sociais da esquerda liberal promovem. Sem soberania nacional, alguns avanços econômicos não devem dar conta de sustentar uma nova hegemonia. É por aí que vemos a possibilidade de reformas estruturais pós-neoliberais de segunda geração, ou mesmo mais radicais, que recuperem a força transformadora continental.

8. Referências

ARAÚJO, Ernesto. Discurso do ministro Ernesto Araújo durante cerimônia de Posse no Ministério das Relações Exteriores. Brasília, 2019.

AMIN, S. O Desenvolvimento desigual – Ensaio sobre as formações sociais do capitalismo periférico. Rio de Janeiro: Forense Universitária, 1976.

__________. Los desafíos de la mundialización. México D.F.: Sigloveitiuno Editores, 1997.

__________. Mas allá del capitalismo senil. Madrid: El Viejo Topo, 2003

ANDERSON, P. Balanço do neoliberalismo. Sader, E.; Gentili, P. (eds.). Pós-neoliberalismo: as políticas sociais e o Estado democrático. Rio de Janeiro: Paz e Terra, 1998.

BAPTISTA JR, P.N. Os desafios da esquerda. 2024. Disponível em https://www.ihu.unisinos.br/categorias/637020-os-desafios-da-esquerda-artigo-de-paulo-nogueira-batista-jr

BELLO, W. É a extrema-direita que está melhor posicionadas para aproveitar o descontentamento global. Revista IHU Online, Instituto Humanitas Unisinos 2022. Disponível em https://www.ihu.unisinos.br/categorias/598823-e-a-extrema-direita-que-esta-melhor-posicionada-para-aproveitar-o-descontentamento-global-entrevista-com-walden-bello

BOBBIO, N. A Era dos Direitos. Campus, Rio de Janeiro, 1992.

BRESSER-PEREIRA, L.C. Do antigo ao novo desenvolvimentismo na América Latina. Texto para Discussão n. 274. São Paulo: FGV, nov. 2010.

__________. "Capitalismo financeiro-rentista" Estudos Avançados 32 (92): 17-28, 2018.

BIRH, A. As duas extremas direitas contemporâneas. Revue L'Anticapitaliste, n. 124, 2021.

CARVALHO, O. A nova era e a revolução cultural. Fritjof Capra e Antonio Gramsci. 4ª edição. Campinas: Vide Editorial, 2014.

__________. O imbecil coletivo: atualidades inculturais brasileiras. Rio de Janeiro: Faculdade da Cidade, 1996.

CASTELLS, M. Ruptura: a crise da democracia liberal. Rio de Janeiro, Zahar, 2018.

CARDOSO, F. H; FALETTO, E. Dependência e desenvolvimento na América Latina: ensaio de interpretação sociológica. 7. ed. LTC, Rio de Janeiro, 1970.

CHANG, H. Chutando a escada: a estratégia do desenvolvimento em perspectiva histórica. São Paulo, Editora UNESP, 2004.

DARDOT, P; LAVAL, C. A nova razão do mundo: ensaio sobre a sociedade neoliberal. São Paulo: Editora Boitempo, 2016.

__________. A anatomia do novo neoliberalismo. Revista IHU Online, Instituto Humanitas Unisinos, 2019. Disponível em: http://www.ihu.unisinos.br/78-noticias/591075-anatomia-do-novo-neoliberalismo-artigo-depierre-dardot-e-christian-laval. Acesso em: 06/02/2021.

DUFOUR, D.R. O indivíduo pós-liberalismo. Entrevista, 2020. Disponível em https://jornalggn.com.br/tecnologia/ciencia-tecnologia/o-individuo-pos-liberalismo-por-dufour/amp/

EATWELL, R; GOODWIN, M. Nacional-populismo. A revolta contra a democracia liberal. São Paulo: Record, 2020.

FRASER, N. "El fin del neoliberalismo progressista". Revista de Libros, 2017.

FUSARO, D. La sociedad abierta: Condena turbomundialista contra los pueblos. EAS, 2020a.

__________. La lucha de clases en el siglo XXI. Santiago: Ignacio Carrera Pinto Ediciones, 2020b.

FUKUYAMA, F. O fim da história e o último homem. Rio de Janeiro: Rocco, 1992.

_______. 30 anos depois: o mundo está a tornar-se chinês? Entrevista Nikkei Ásia, 2019. Disponível em https://asia.nikkei.com/Editor-s-Picks/Interview/Francis-Fukuyama-30-years-on-Is-the-world-turning-Chinese

_______. Democracia: o fim de um modelo? Entrevista Instituto Montaige, 2023. Disponível em https://www.institutmontaigne.org/en/expressions/democracy-end-model-interview-francis-fukuyama

GENARO, L. F. M. de. O segundo ato: a nova onda progressista latino-americana na perspectiva brasileira. História da Ditadura, 3 mai. 2023. Disponível em: https://www.historiadaditadura.com.br/post/o-segundo-ato-a-nova-onda-progressista-latino-americana-na-perspectiva-brasileira.

GERBAUDO, P. O Grande Recuo: a política pós-populismo e pós-pandemia. Todavia, São Paulo, 2023.

_______. O fim do neoliberalismo e o início de uma nova era de "neo-estatismo". In: Café História. 2021. Disponível em: https://www.cafehistoria.com.br/o-fim-do-neo-liberalismo-e-o-inicio-do-neo-estatismo/. ISSN: 2674-5917.

GUILLUY, C. No society: el fin de la clase media occidental. Taurus, Barcelona, 2019.

GUNDER FRANK, A. 'The Development of Underdevelopment', in: C. Chew e P. Lauderdale (eds.). Theory and Methodology of World Development: The writings of Andre Gunder Frank. New York: Palgrave Macmillan, p. 7-18, 2010.

GRAMSCI, A. Cadernos do cárcere. Volume 3. Maquiavel. Notas sobre Estado e a Política. Rio de Janeiro, Civilização Brasileira, 2001.

_______. Cadernos do cárcere. Volume 2. Os intelectuais, o princípio educativo, o jornalismo. Rio de Janeiro, Civilização Brasileira, 2001.

HOBBES, T. Leviatã: ou matéria, forma e poder de um estado eclesiástico e civil. São Paulo: Abril Cultural, 1974.

HOBSBAWN, E. Globalização, democracia e terrorismo. Companhia das Letras, São Paulo, 2007.

HILLENBRAND, E. La crisis de la izquierda europea y la necesidad de construir un nuevo paradigma para el siglo XXI. Nueva sociedad 224:18-32, 2009.

__________. "La encruzijada social-demócrata". Nueva Sociedad, n 261, 2016.

JOHNSON, C. "The developmental State: odyssey of a concept", The Developmental State, M. Woo-Cumings (ed.), Cornell University Press, Ithaca, 1999.

LACLAU, E. A razão populista. São Paulo, Três Estrelas, 2013.

LANE, D. Por que o socialismo de mercado é uma alternativa viável ao neoliberalismo? Revista da London School of Economics and Political Science, 2013. Disponível em: https://blogs.lse.ac.uk/politicsandpolicy/37396/

LINERA, Á. "Estamos en la segunda oleada progresista", 28-2-2021. Disponível em https://www.pagina12.com.ar/326515-garcia-linera-estamos-en-la-segunda-oleada-progresista.

__________. Por que a extrema direita cresce no mundo. Jacobin, 2023. Disponível em https://jacobin.com.br/2023/11/por-que-a-extrema-direita-cresce-no-mundo/

LOSURDO, D. Democracia ou bonapartismo: triunfo e decadência do sufrágio universal. São Paulo: UNESP, 2004.

__________. Contra-história do liberalismo. Aparecida: Idéias & Letras, 2006.

__________. A esquerda ausente. São Paulo: Anita Garibaldi, 2016.

MARCELINO, F. China: novos ensaios. Edição do Autor, Curitiba, 2023.

__________. A Revolução das Cidades Inteligentes na China. Appris, Curitiba, 2024.

MASSAD, M. Entrevista a Pablo Stefanoni. Revista IHU. 19 mai. 2021. Disponível em< https://www.ihu.unisinos.br/78-noticias/609367-a-direita-esta-travando-sua-batalha-cultural-anti-progressista-entrevista-com-pablo-stefanoni>Capturado em 22 mar. 2022.

MOUFFE, C. Por um populismo de esquerda. São Paulo, Autonomia Literária, 2019.

MOUNK, Y. The identity trap: a story of ideas and power in our time. Penguin, Nova York, 2023.

MUDDE, C. La ultraderecha hoy. Paidós, Barcelona, 2021.

OPPÈNHEIMER, A. ¿Se viene una "marea rosa" en la región?, 2022. Disponível em https://www.lanacion.com.ar/opinion/se-viene-una-marea-rosa-en-la-region-nid12012022/

PIKETTY, T. Capital e Ideología. Ediciones Deusto, Barcelona, 2019.

ROSANVALON, P. O século do populismo. História, teoria, crítica. Rio de Janeiro, Ateliê de Humanidades, 2021.

RAMOS, J. Populismo y soberanía. Las estrategias populistas como reivindicaciones soberanistas. Revista de estudios políticos 189: 301-311, 2020.

REYES-MATE, M. Del Proletariat al Lumpen: Sobre el sujeto político en el capitalismo contemporáneo. Revista internacional de filosofía política 35: 47-62, 2010.

SANTOS, Fábio L. B. Uma história da onda progressista sul-americana (1998-2016). São Paulo: Elefante, 2018.

STEFANONI, P. ¿La rebeldia se volvió de derecha? Como el antiprogresismo y la anticorrección política están construyendo um nuevo sentido común (y por qué la izquierda deveria tomarlos em serio. Buenos Aires: Siglo Veintiuno, 2021.

____________. Aire fresco para el progresismo latino-americano, 2021. https://nuso.org/articulo/Boric-chile-elecciones/

SERRANO, A. Latinoamérica: anatomía de la segunda ola de gobiernos progressistas, 2022. Disponível em https://www.pagina12.com.ar/480995-latinoamerica-anatomia-de-la-segunda-ola

SILVA, F. P. "O fim da Onda Rosa e o neogolpismo na América Latina". Revista Sul-Americana de Ciência Política, vol. 4, nº 2, p. 165-178, 2019.

TEITELBAUM, B. Guerra pela eternidade. O retorno do tradicionalismo e a ascensão da direita populista. São Paulo, Editora da Unicamp, 2020.

VADELL, J. As implicações internacionais do modelo chinês de desenvolvimento no Sul Global: o Consenso Asiático como potência em rede: As implicações internacionais do modelo chinês de desenvolvimento do Sul Global: Consenso Asiático como uma rede em potencial, 2014.

VALIM, Rafael. Nova onda progressista na América Latina traz ao mundo um grito de esperança. Uma entrevista com Álvaro Garcia Linera e Guilherme Boulos. Jacobin Brasil. 27 set. 2022.

VAROUKAKIS, Y. Technofeudalism: What Killed Capitalism, Penguin, Nova York, 2023.

WAGENKNECHT, S. The Self,Righteous. Campus, Frankfurt, 2021.

ZELADA, C. Una nueva correlación de fuerzas contra Dina, 2023. Disponível em https://www.resumenlatinoamericano.org/2023/01/30/nacion-mapuche-una-nueva-correlacion-de-fuerzas-contra-dina/

9. Sobre o autor

Nasceu em Curitiba (1987). Pós-doutorando em Política Públicas e Planejamento Urbano, doutor em Sociologia, mestre em Ciência Política e graduado em Relações Internacionais. Militante do Movimento Popular por Moradia (MPM). Integrante do Mimesis Conexões Artísticas.

Autor dos livros: Classes Dominantes no Paraná Contemporâneo: Família, Poder e Riqueza, COVID-19 e a nova geopolítica global, Marx no século XXI: valor, crise e capitalismo financeiro, Guerra Civil Brasileira: 1891-1894, Em Defesa do Projetamento: Ignácio Rangel e os desafios brasileiros, Geopolítica Hídrica Global, Estratégias de Desenvolvimento no Sul Global, Introdução ao Planejamento na China, China: novos ensaios, Do Terceiro Mundo à emergência do Sul Global e A Revolução das Cidades Inteligentes na China. Na literatura, autor de Desencontros e seus golpes (poesia), Profeta Joel no fim dos tempos (teatro), Revolta Paraná (conto), 93 Haikais (poesia) e Última hora (poesia), os três últimos pela Kotter Editorial.

pólen bold 90 gr/m2
tipologia garamond
impresso no outono de 2024